Kohlhammer

Psychodynamische Psychotherapie mit Kindern, Jugendlichen und jungen Erwachsenen

Perspektiven für Theorie, Praxis und Anwendungen
im 21. Jahrhundert

Herausgegeben von Arne Burchartz, Hans Hopf und Christiane Lutz

Eine Übersicht aller lieferbaren und im Buchhandel angekündigten Bände der Reihe finden Sie unter:

 https://shop.kohlhammer.de/psychodynamische-psychotherapie

Die Autorin

Inge Seiffge-Krenke ist Professorin für Entwicklungspsychologie. Ihre Forschungsinteressen umfassen Stress- und Coping, Väter, romantische Beziehungen, »emerging adulthood« und Identität. Sie ist Psychoanalytikerin (DPV) für Erwachsene, Kinder und Jugendliche und als Supervisorin in der Aus- und Weiterbildung tätig.

Inge Seiffge-Krenke

Psychodynamische Psychotherapie mit jungen Erwachsenen

Besonderheiten der Entwicklungsphase
»emerging adulthood«

Verlag W. Kohlhammer

Dieses Werk einschließlich aller seiner Teile ist urheberrechtlich geschützt. Jede Verwendung außerhalb der engen Grenzen des Urheberrechts ist ohne Zustimmung des Verlags unzulässig und strafbar. Das gilt insbesondere für Vervielfältigungen, Übersetzungen und für die Einspeicherung und Verarbeitung in elektronischen Systemen.

Pharmakologische Daten verändern sich ständig. Verlag und Autoren tragen dafür Sorge, dass alle gemachten Angaben dem derzeitigen Wissensstand entsprechen. Eine Haftung hierfür kann jedoch nicht übernommen werden. Es empfiehlt sich, die Angaben anhand des Beipackzettels und der entsprechenden Fachinformationen zu überprüfen. Aufgrund der Auswahl häufig angewendeter Arzneimittel besteht kein Anspruch auf Vollständigkeit.

Die Wiedergabe von Warenbezeichnungen, Handelsnamen und sonstigen Kennzeichen berechtigt nicht zu der Annahme, dass diese frei benutzt werden dürfen. Vielmehr kann es sich auch dann um eingetragene Warenzeichen oder sonstige geschützte Kennzeichen handeln, wenn sie nicht eigens als solche gekennzeichnet sind.

Es konnten nicht alle Rechtsinhaber von Abbildungen ermittelt werden. Sollte dem Verlag gegenüber der Nachweis der Rechtsinhaberschaft geführt werden, wird das branchenübliche Honorar nachträglich gezahlt.

Dieses Werk enthält Hinweise/Links zu externen Websites Dritter, auf deren Inhalt der Verlag keinen Einfluss hat und die der Haftung der jeweiligen Seitenanbieter oder -betreiber unterliegen. Zum Zeitpunkt der Verlinkung wurden die externen Websites auf mögliche Rechtsverstöße überprüft und dabei keine Rechtsverletzung festgestellt. Ohne konkrete Hinweise auf eine solche Rechtsverletzung ist eine permanente inhaltliche Kontrolle der verlinkten Seiten nicht zumutbar. Sollten jedoch Rechtsverletzungen bekannt werden, werden die betroffenen externen Links soweit möglich unverzüglich entfernt.

1. Auflage 2023

Alle Rechte vorbehalten
© W. Kohlhammer GmbH, Stuttgart
Gesamtherstellung: W. Kohlhammer GmbH, Stuttgart

Print:
ISBN 978-3-17-040362-8

E-Book-Formate:
pdf: ISBN 978-3-17-040363-5
epub: ISBN 978-3-17-040364-2

Inhalt

1 Einleitung 9
2 Die neue Entwicklungsphase »emerging adulthood«: Psychoanalytische Konzepte und empirische Befunde .. 12
- 2.1 Warum ist die zeitliche Untergliederung von Altersphasen therapeutisch wichtig? 13
- 2.2 Eine neue Entwicklungsphase ist entstanden: Die 18- bis 30-Jährigen, die »emerging adults« 14
- 2.3 Die fünf charakteristischen Merkmale des »emerging adulthood« nach Arnett (2004) 17
- 2.4 Belege für das Hinausschieben von Markern des Erwachsenenalters 19
- 2.5 Der Master in Narzissmus: Lassen sich die typischen fünf Merkmale bei allen jungen Erwachsenen gleichermaßen finden? 21
- 2.6 Trotz vieler Freiheiten: Die Zunahme an Entwicklungsdruck 23
- 2.7 Veränderungen in der biografischen Selbstwahrnehmung als »dazwischen« 25
- 2.8 Die Konzeption von Peter Blos: Postadoleszenz oder pathologisch prolongierte Adoleszenz? 26
- 2.9 Was ist neu? Vom Privileg für wenige zur Möglichkeit für (fast) alle 28
- 2.10 Therapeutische Konsequenzen: Abschied von pathologisierenden Konzepten 30

3 Veränderte Identitätsentwicklung und ihre Auswirkungen auf Beziehungen ... 33

- 3.1 Die »Identitätskrise« im jungen Erwachsenenalter und der biografische Bezug bei Erikson ... 34
- 3.2 Veränderte Identitätsentwicklung heute: Mehr Exploration, weniger Commitment ... 36
- 3.3 Das sequenzielle Modell: Erst Identität, dann Intimität und Generativität? ... 37
- 3.4 Vielzahl unverbindlicher sexueller Beziehungen ... 39
- 3.5 Warum die »Flucht vor der Intimität« im jungen Erwachsenenalter? ... 40
- 3.6 Wie geht es einige Jahre weiter: Lernfähigkeit oder »gleiches Beuteschema?« ... 42
- 3.7 Identität als Voraussetzung für Intimität: Hatte Erikson doch recht? ... 43
- 3.8 Intime, pseudointime und symbiotische Partnerschaften ... 45
- 3.9 Hemmende elterliche Einflüsse auf die Identitäts- und Partnerschaftsentwicklung der »Kinder« ... 47
- 3.10 Welche Bedeutung haben diese Befunde für uns als Kliniker? ... 49

4 Zunahme psychischer Störungen im jungen Erwachsenenalter ... 53

- 4.1 Junge Erwachsene haben die höchsten Prävalenzraten für psychische Störungen ... 53
- 4.2 Spezifische Krankheitsbilder im »emerging adulthood« ... 55
- 4.3 Zweites Fenster der Vulnerabilität, Diskontinuität der therapeutischen Begleitung: »Lost in Transition«? ... 65
- 4.4 Modelle der psychiatrischen Versorgung in der Transitionsphase und das Problem der Altersgrenze ... 67

5	**Wie stellen sich die Patienten dar? Probatorische Sitzungen und Indikation**	**72**
5.1	Erstgespräche: Beeinträchtigungen im Lieben, Arbeiten und in der Autonomie	72
5.2	Was ist auffällig und wie ging es weiter?	88
5.3	Wer kommt in Behandlung?	91
5.4	Indikationskriterien für Langzeitbehandlungen und das Problem des Krankheitsgewinns	92
5.5	Indikationen für Beratungen und kürzere, strukturierte Behandlungsansätze	95
6	**Besonderheiten in der Behandlungstechnik bei jungen Erwachsenen**	**100**
6.1	Die Bedeutung von Zeit und Grenzen	101
6.2	Indikation und Aspekte des Rahmens unter Bedingungen der Instabilität	102
6.3	Herausforderungen durch die Behandlung als Video- oder Telefontherapie	104
6.4	Identitätskrise, Identitätsdiffusion oder Identitätskonflikt?	105
6.5	Arbeit an narzisstischen Aspekten und die Bedeutung der Bindung für die therapeutische Arbeit	109
6.6	Spezifische Interventionen: Wie umgehen mit ruminativer Exploration, spezifischen Abwehrmechanismen, Autonomieschuld?	111
6.7	Wie umgehen mit pathologischem Aufschieben?	114
6.8	Der Beziehungsraum: Aufgespaltene Elternbilder, Umgang mit Neid, die Bedeutung der Medien	115
6.9	Diversität und kulturelle Einflüsse	117
6.10	Warum ist Abstinenz und analytische Neutralität so wichtig?	119
6.11	Die therapeutische Beziehung: Bindung, Helikopter-Therapeuten und Umgang mit Rettungsfantasien	120

7	Warum ist Arbeit mit Eltern und Partnern sinnvoll?	126
7.1	Autonomiebestrebungen der »Kinder«, zu viel Unterstützung und Separationsängste der Eltern	127
7.2	Elterlicher Separationsangst begegnen	129
7.3	Warum kann es sinnvoll sein, den Vater zu sehen?	131
7.4	Verständnis für das »Kind« aufbauen und an der Selbst-Objektdifferenzierung arbeiten	133
7.5	»Hotel Mama« und das »Nesthockerphänomen«	135
7.6	Herausforderungen in der Elternarbeit: Loslösung bedeutet nicht Verlust, sondern Transformation	137
7.7	Der therapeutische Blick auf Freunde und den Partner	139
8	**Die Beendigung der Behandlung**	**141**
8.1	Ein besonderer Abschied	141
8.2	Gründe für einen Therapieabbruch aus der Sicht junger Erwachsener	145
8.3	Qualitätssicherung: Die Verbesserung der Fertigkeiten zur Transition und die Bedeutung der Mentalisierung	148
9	**Abschließende Bemerkungen**	**153**
10	**Literatur**	**156**
Stichwortverzeichnis		**165**

1 Einleitung

In den Medien sind Konzepte wie »Nesthocker« und »Hotel Mama« sehr präsent – aber was wissen wir wirklich über die jungen Erwachsenen – was hat sich gegenüber früheren Generationen geändert und hat sich überhaupt etwas geändert? In diesem Buch geht es zunächst um die wissenschaftlichen Grundlagen, d. h. die Forschung an den 20- bis 30-Jährigen, um unsere therapeutische Arbeit »auf die Füße zu stellen«, vor allem aber um den klinischen Bezug: Brauchen wir eine neue Behandlungstechnik für diese Altersgruppe? Wie präsentiert sie sich in den Erstgesprächen in unseren Praxen und Kliniken? Haben wir es mit krankheitswertigen Störungen zu tun oder ist das »einfach normal«, was uns präsentiert wird? Ist es sinnvoll, auch die Eltern einzubeziehen?

Als Psychotherapeuten[1] behandeln wir krankheitswertige Störungen, so das deutsche Kassenrecht, und die Entwicklungen, die sich in der Transitionsphase abzeichnen, sind wirklich verwirrend: Die Trennung zwischen Normalität und Pathologie wird durch die Entwicklungsbesonderheiten in dieser Altersgruppe immer schwieriger, wie ich durch einen Blick auf die Forschungsbefunde vor allem in Deutschland zeigen möchte. Über diese Studien habe ich in den letzten Jahren viel publiziert, und möchte hier das für Therapeuten Wichtige zusammentragen. Von besonderer Bedeutung sind ein insgesamt verändertes Beziehungsverhalten und eine hohe Mobilität in dieser Altersgruppe – und all dies hat auch Auswirkungen auf den Rahmen und das therapeutische Angebot bzw. die therapeutische Beziehung.

---

1 Zugunsten einer lesefreundlichen Darstellung wird in der Regel die neutrale bzw. männliche Form verwendet. Diese gilt für alle Geschlechtsformen (weiblich, männlich, divers).

1 Einleitung

Wie gehen wir also psychotherapeutisch mit den jungen Leuten um, die nicht mehr Jugendliche- aber auch noch keine Erwachsenen sind? Diese Frage stellt sich nicht nur den Erwachsenentherapeuten, die Patienten ab dem Alter von 16 Jahren behandeln dürfen, sondern in Zukunft auch den Kinder- und Jugendlichentherapeuten, denn eine leichte Ausdehnung des Altersbereiches auf das Alter von 21 Jahren ist erfolgt.

Es gibt viel Neues zu berichten und wir müssen auch einige Konzepte unserer therapeutischen Arbeit überdenken und anpassen, wenn wir dieser neu entdeckten Altersphase (die im englischen »emerging adulthood«, d. h. entstehendes Erwachsenenalter heißt) gerecht werden wollen. Dazu zählt u. a. das Konzept einer pathologisch prolongierten Adoleszenz, wie dies Blos (1954) vor Jahrzehnten konzeptualisierte. Ich denke, von einer Pathologisierung müssen wir uns verabschieden, wir sollten dagegen von einer normativen Veränderung sprechen, die für sich keinen Krankheitswert hat, sondern ganz im Gegenteil von einem Privileg für Wenige zu einer Chance für (fast) alle geworden ist. Diese These möchte ich durch die Zusammenschau von psychoanalytischen Konzepten und empirischen Befunden an jungen Erwachsenen in Deutschland belegen (▶ Kap. 2, ▶ Kap. 3).

Zu den besorgniserregenden Befunden zählt die Zunahme von psychischen Störungen (▶ Kap. 4). Dabei gibt es einerseits Störungen, die mit Identitätsfragen zu tun haben, aber auch »neue« Störungen wie die PC- oder Computerspielabhängigkeit und das pathologische Herumbummeln, die Prokastination, auf die ich besonders eingehen möchte. Sie zeigen, dass diese Altersgruppe einen hohen Behandlungsbedarf hat und die Herausforderungen dieser neuen Entwicklungsphase viele auch überfordern. Wie stellen sich diese jungen Leute im Erstgespräch bei uns dar, wie ist ihr Leidensdruck, ihre Behandlungsmotivation einzuschätzen? Dies möchte ich am Beispiel einiger typischer Erstgespräche erläutern (▶ Kap. 5). Dabei werden wir den Fokus auf »Lieben und Arbeiten« legen, zwei besonders beeinträchtigte Lebensbereiche. Es wird aber bereits in diesen ersten Gesprächen die starke Beteiligung der Eltern im Entstehen und Aufrechterhalten von Störungen deutlich werden, weshalb wir uns der Elternarbeit im Speziellen widmen werden (▶ Kap. 7). Zuvor stelle ich allerdings noch einige Überlegungen zur Behandlungstechnik an, die sich sowohl auf Aspekte des Rahmens als auch auf Aspekte der therapeutischen Beziehung, auf Widerstand und Abwehr, auf Rettungsfantasien und emanzipatorische Schuld beziehen (▶ Kap. 6). Auch müssen wir schauen, ob nicht strukturelle Defizite wie eine mangelnde Empathie für andere, eine narzisstische Selbstwahrnehmung oder eine mangelhafte Selbst-Objektdifferenzierung zu bearbeiten sind. Übertragungs- und insbesondere auch Gegenübertragungsaspekte werden ebenso diskutiert, insbesondere die Frage, wie es ältere Therapeuten erleben, wenn ihre Patienten so frei und ungehindert in allen Bereichen explorieren. Die Forschung zur Effektivität der Therapien mit dieser Altersstufe steckt noch ganz in den Kinderschuhen, weil man noch gar nicht erkannt hat, dass man hier besondere Auswertungen vornehmen sollte. Die jungen Leute gehen in Stichproben mit großem Altersrange (18–65 Jahre) regelrecht unter.

Es ist also eine spannende therapeutische Arbeit und ich freue mich sehr, dass mein lieber Freund und Kollege Hans Hopf mich ermutigt hat, dieses Buch in der von ihm, Arne Burchartz und Christiane Lutz herausgegebenen Serie zu veröffentlichen.

2 Die neue Entwicklungsphase »emerging adulthood«: Psychoanalytische Konzepte und empirische Befunde

In diesem Kapitel werden wir psychoanalytische Konzepte und empirische Befunde zu der Altersphase der jungen Erwachsenen kennenlernen und dabei den Fokus auf Untersuchungen in Deutschland legen. Zunächst werde ich das Konzept und die Forschung zu der neuen Entwicklungsphase »emerging adulthood« vorstellen, die sich im Zuge der Theorie von Jeff Arnett (2004) rasant entwickelte. Dieser Begriff bedeutet »entstehendes Erwachsenenalter«, was gelungen unterstreicht, dass sich Personen in dieser Phase keineswegs als Erwachsenen verstehen – wobei ihre Eltern diese Einschätzung teilen –, sondern irgendwo »dazwischen« und dass sie sich durch spezifische Merkmale auszeichnen. Es ist zu unterstreichen, dass diese Studien nicht an Patienten, sondern an klinisch unauffälligen jungen Erwachsenen durchgeführt wurden.

Anschließend geht es um die psychoanalytischen Konzeptionen, die in diesem Rahmen heranzuziehen sind, zum einen die Erikson'sche Theorie der Identität, die in den 1950er Jahren entstanden und aktueller denn je ist, wenn sich auch manche Ansprüche an die zeitliche Aufeinanderfolge zu lösender Konflikte (Sequenzierung) heute nicht mehr so aufrechterhalten lassen. Auf der Konzeption Eriksons aufbauend gab es viel Forschung zur Identitätsentwicklung und da sich diese Forschung über mehrere Dekaden erstreckt, konnte man gut belegen, was sich wirklich geändert hat. Dies wird uns ausführlich im nachfolgenden Kapitel (▶ Kap. 3) beschäftigen, denn die Auswirkungen der verzögerten Identitätsentwicklung auf Beziehungen sind gravierend und betreffen auch die therapeutische Beziehung (▶ Kap. 6). Schließlich sind Probleme in der Autonomie von den Eltern und in (Partner-)Beziehungen oftmals Anlass für eine Psychotherapie und es stellt sich natürlich auch die Frage, wie weit sich junge Leute in dieser Phase der Mobilität und des starken Selbstbezugs auf eine therapeutische Beziehung einlassen können, die doch ein erhebliches Commitment über einen längeren Zeitraum erfordert.

Havighurst, ein Entwicklungspsychologe, der 1956 ebenfalls eine Theorie darüber entwickelt hat, welche Aufgaben denn 18- bis 30-Jährige zu bewältigen hätten, wird ebenfalls in diesem Kapitel vorgestellt. Auch die psychoanalytische Konzeption von Blos (1973/2015) verdient eine ausführlichere Würdigung, besonders hinsichtlich der Frage: Was ist heute noch »normal?« Zum Schluss dieses Kapitels möchte ich eine Integration versuchen und die Frage beantworten: Was ist neu an dieser Phase des »emerging adulthood«? Bevor wir allerdings auf die empirischen Belege für die stattgefundenen Veränderungen eingehen, möchte ich erläutern, warum mir der Zeitbezug so wichtig ist.

2.1 Warum ist die zeitliche Untergliederung von Altersphasen therapeutisch wichtig?

In der Psychotherapie spielt Zeit eine enorme Rolle: Die Stunden sind zeitlich genau festgelegt, der zeitliche Rahmen der Erstreckung einer Therapie wird zu Beginn vereinbart und nach Möglichkeit eingehalten. Vor dem Verlängerungsantrag wird mit den Patienten das bisherige Erarbeitete und Erlebte sowie die zukünftige Perspektive besprochen. Viele Veränderungen in psychodynamischen Therapien brauchen Zeit. Dies ist auch einer der Gründe, weshalb die Effekte dieser Therapien einige Monate nach Beendigung der Behandlung (follow up oder Katamnese) noch deutlicher sind als zu Abschluss der Behandlung (Steinert & Leichsenring, 2017).

Im jungen Erwachsenenalter haben sich nun Verschiebungen in den Lebensphasen ergeben, in denen die jungen Leute einiges noch nicht können, was eigentlich in ihrem Alter »dran wäre«. Demgegenüber sind sie aber in anderen Bereichen durchaus schon reif und keineswegs mehr Jugendliche. Gerade der veränderte Zeitbezug macht es aber schwierig, die Krankheitswertigkeit einer Störung einzuschätzen, die ja immer noch, solange das Gutachterverfahren in Deutschland besteht, belegt werden muss, um eine Kassenfinanzierung zu gewährleisten.

Die Entwicklungspsychologie hat sich schon früh mit Lebenslaufkonstellationen und Altersgradierungen beschäftigt. In der Regel ging man von Siebener-Gliederungen aus, und diese strikte Unterteilung des gesamten Lebens in einzelne Abschnitte mit einer spezifischen Entwicklungsdynamik war sehr hilfreich. Allerdings hat sich hier in den letzten Jahrzehnten einiges verändert: Die Kindheit als Entwicklungsphase ist durch die früher eintretende körperliche Reife »geschrumpft«, die sich anschließende Adoleszenz hat sich dagegen durch die körperliche Akzeleration und die verlängerte Schulzeit ausgedehnt. Und schließlich war man in den letzten 20 Jahren darauf gestoßen, dass es offenkundig eine neue Altersphase gibt mit Personen, die nicht mehr Jugendliche sind, aber auch noch keine Erwachsenen. Altersmäßig umgreift diese Personengruppe das Alter von 18 bis 25 Jahren, in einigen Aspekten auch bis 30 Jahre. Es haben sich weitere Veränderungen ergeben, die erwähnenswert sind: Inzwischen gilt das mittlere bis hohe Erwachsenenalter keineswegs mehr länger als eine stabile Phase – das wird uns in Bezug auf die Eltern der jungen Erwachsenen noch beschäftigen (▶ Kap. 7). Vor allem aber: Die Phase der »nachelterlichen Gefährtenschaft« – das Paar lebt nach dem Auszug der Kinder alleine zusammen – ist inzwischen die längste Lebensphase geworden mit im Durchschnitt 40 Jahren (Seiffge-Krenke & Schneider, 2012). Auch wenn neue Partnerschaften gelebt und neue Kinder geboren werden oder in die Patchworkfamilie kommen – es bleibt auch gegenwärtig die längste Familienentwicklungsphase.

2.2 Eine neue Entwicklungsphase ist entstanden: Die 18- bis 30-Jährigen, die »emerging adults«

Für die neue Entwicklungsphase »emerging adulthood« (Arnett, 2004) ist charakteristisch, dass es zu Veränderungen in mehreren Bereichen

2.2 Eine neue Entwicklungsphase ist entstanden

gekommen ist. Zum einen sind Verschiebungen in objektiven Markern des Erwachsenenalters (wie Auszug aus dem Elternhaus, Berufseintritt, feste Beziehungen und Elternschaft) aufgetreten, die sich bis ins dritte Lebensjahrzehnt hinziehen und in Bezug auf die Elternschaft, oftmals noch viel später in Angriff genommen werden. Für diese Entwicklungsphase zeigt sich des Weiteren eine starke Selbstfokussierung und ein sehr langsames Fortschreiten der Identitätsentwicklung mit einem deutlich veränderten Beziehungsverhalten und veränderten beruflichen Perspektiven und Möglichkeiten.

Allerdings wurde bereits in den letzten 50 Jahren diskutiert, dass ein gesellschaftlicher Wandel eingetreten ist, der zu einem Strukturwandel der Jugendphase geführt hat. Man bemerkte, dass es zunehmend schwieriger wurde, Kindheit, Jugend und Erwachsenenalter voneinander abzugrenzen, von einer »Entgrenzung der Jugendphase« war die Rede. Im Anschluss an Ziehes These vom »neuen Sozialisationstyp« war bereits Ende der 1970er und frühen 1980er Jahre die Diskussion um diese Veränderungen von narzissmustheoretischen Bezügen gekennzeichnet, Begriffe wie »orale Flipper« oder »neuer Sozialisationsstyp« waren stark soziologisch geprägt und bekamen medial viel Aufmerksamkeit; narzisstische Aspekte spielen auch gegenwärtig bei der Charakterisierung der neuen Entwicklungsphase »emerging adulthood« eine Rolle (Seiffge-Krenke, 2021a). Die Tendenz zur Verlängerung von Jugend, eines zunehmend langgestreckten sowohl bildungsbezogenen als auch jugendkulturellen Moratoriums wird also schon länger diskutiert. Allerdings blieben die Beschreibungen global. Was diese jungen Leute – im Vergleich zu früheren Generationen – denn genau ausmacht, blieb also eher vage, vergleichende Untersuchungen fehlten.

In den folgenden Jahren wurde aber immer deutlicher, dass da etwas Neues entstanden ist. Erst Jeff Arnett (2004) hat die neue Entwicklungsphase genauer bzgl. typischer Merkmale beschrieben, die sich so noch nicht im Jugendalter und nicht mehr im Erwachsenenalter finden. Es setzen dann Untersuchungen in vielen Ländern der Erde, so auch in Deutschland, ein, die Arnetts Thesen zu bestätigen scheinen. Heute gibt es eigene Zeitschriften (*Emerging Adulthood*), eine eigene Fachgesellschaft (Society for Study of Emerging Adulthood *[SSEA]*) und im Jahr

2022 etwa 1.300.000 Einträge in *google scholar*, was auf eine sehr hohe Forschungs- und Rezeptionsaktivität hinweist.

Dass neue Entwicklungsphasen entstehen, ist in der Geschichte der Menschheit keine ungewöhnliche Entwicklung, aber eine spannende. So waren Kinder früher mit der Welt der Erwachsenen vermischt, sie mussten arbeiten, konnten verheiratet und sogar als Bestrafung gehängt werden. Noch Oskar Wilde hat in der *Ballade des Zuchthauses von Reading 1898* beschrieben, wie schlimm für ihn das Weinen der Kinder in den Nachbarzellen war, die dort eingesperrt worden waren, weil sie ein Brot oder ein Kaninchen gestohlen hatten. Die Lebensphase »Jugend« mit ihrem Privileg der Schulzeit und Bildung, der Befreiung von Arbeit, ist also eine relativ junge Entwicklung. Erst im 20. Jahrhundert konnte sich die »Jugend« als Lebensphase des Aufwachsens in Deutschland so durchsetzen, dass sie zum allgemeinen biografischen Muster für fast alle Heranwachsenden wurde. Aber auch heute noch gibt es in vielen Ländern Kinder, die unter Bedingungen leben müssen, die die »Vermischung mit der Welt der Erwachsenen« (Arbeit, Bestrafung, Verheiratung) aufzeigen. Laut der Internationalen Arbeitsorganisation (ILO) gibt es weltweit 152 Millionen Kinderarbeiter zwischen fünf und 17 Jahren, 73 Millionen von ihnen arbeiten unter ausbeuterischen Bedingungen.

Von soziologischer Seite wird betont, dass in der Jugendphase der letzten Jahrzehnte bereits eine spürbare Veränderung eingetreten ist. Durch die Vorverlagerung der sexuellen Autonomie, die Ausdehnung der Bildungs- und Berufsfindungsphase, und ganz allgemein einer Öffnung zu durch Herkunft nicht mehr eindeutig festgelegten biografischen Verläufen hat eine Enttraditionalisierung eingesetzt; dieser Zugewinn an Optionen geht mit einem Verlust an Orientierungsmöglichkeiten einher (King, 2013). Allerdings sind die realen Spielräume für Jugendliche noch sehr gering, sind sie doch weitgehend noch eingebunden in die schulische Laufbahn. Aber das »Neue« kündigt sich bereits an. Mit Beendigung der Schulpflicht aber entstanden völlig ungewohnte Möglichkeiten, die man nun realisieren konnte.

2.3 Die fünf charakteristischen Merkmale des »emerging adulthood« nach Arnett (2004)

Entscheidend für den Beginn einer systematischen entwicklungspsychologischen Erforschung der Altersphase zwischen 18 und etwa 25 Jahren, zumeist auch 30 Jahren, war die theoretische Konzeption von Jeff Arnett (2004), der beschrieb, dass eine neue, durch fünf typische Merkmale gekennzeichnete Entwicklungsphase entstanden sei. Diese Präzisierung machte eine Umsetzung in Forschung möglich, und es entstanden zahlreiche Studien auf der ganzen Welt, um zu untersuchen, ob es diese neue Entwicklungsphase wirklich gibt.

Insgesamt charakterisieren fünf psychologische Merkmale diese Entwicklungsphase:

- Die *Exploration der eigenen Identität*, besonders im partnerschaftlichen und beruflichen Bereich, ist nach Arnett (2004) charakteristisch und besonders typisch für diese neue Altersphase. Da die jungen Erwachsenen noch frei von typischen Verpflichtungen des Erwachsenendaseins sind, beispielsweise berufliche Tätigkeit und Kinderbetreuung, haben sie- zumindest in den westlichen Industrienationen- die einzigartige Chance, die eigenen Möglichkeiten und Ziele zu erforschen, kennenzulernen, auszutesten und schließlich das eigene Ich zu formen. Für Arnett findet daher eine Identitätskrise im Sinne Eriksons nicht mehr länger im Jugendalter, sondern im »emerging adulthood« statt.
- Ein weiteres charakteristisches Merkmal ist die *Instabilität*, die sich in drei Bereichen zeigt. Hier sind zunächst die berufliche und die generelle Umzugsmobilität zu nennen. Studium, Berufsausbildung und Berufseinstieg sind zentrale Aufgaben der Transition zum Erwachsensein (Seiffge-Krenke & Gelhaaar, 2006), die häufig einen Wohnortswechsel bedingen. Die Mehrheit der Berufseinsteiger gibt ihr Arbeitsverhältnis binnen eines Jahres auf; durchschnittlich sieben Anstellungen erfolgen in den ersten zehn Berufsjahren. Auch im partnerschaftlichen Bereich zeigt sich diese Instabilität. 43 % der jungen Leute hatten innerhalb des letzten Jahres mindestens eine Trennung erlebt, 24 % davon sogar

mindestens zwei Trennungen (Shulman et al., 2017). Insgesamt ist der gesamte partnerschaftliche Bereich durch sehr viel Instabilität gekennzeichnet (▶ Kap. 3).

- Vielleicht haben die vielen Veränderungen im Bereich Partnerschaft, Beruf und Wohnort zu einem weiteren Merkmal beigetragen, der starken *Selbstfokussierung*. Größere Autonomie zusammen mit weniger Verantwortung bei finanzieller Unterstützung schaffen jungen Leuten einen Freiraum, in dem sie sich auf ihre eigene Entwicklung konzentrieren können. Allerdings fehlt öfter auch die Bezugnahme auf andere. Der massive Einbezug der neuen Medien mit sozialem Vergleich unter sehr vielen »friends« (Manago et al., 2012) verstärkt die Selbstfokussierung und narzisstische Tendenzen.
- Das Gefühl des »*Dazwischenseins*« (»age of feeling in-between«) ist ein weiteres Bestimmungsmerkmal. Zwar sind die jungen Leute ab dem Alter von 18 Jahren rechtlich gesehen erwachsen, füllen diese Rolle aber nur partiell aus. Sie sind in der Lage, autonome Entscheidungen unabhängig von sozialen Normen und auch weitgehend unabhängig von finanziellen Beschränkungen zu treffen. Sie leben aber überwiegend finanziell abhängig und in Semiautonomie im Elternhaus oder in einer von den Eltern oder dem Staat finanzierten Wohnung.
- Diese Vielfalt an Möglichkeiten, die sich den jungen Leuten bietet, resultiert in einer *Heterogenität der Lebensläufe*. In dieser Entwicklungsphase finden wir nicht nur »den ewigen Studenten«, sondern durchaus auch eine berufstätige Mutter. Unterschiede im beruflichen und partnerschaftlichen Status, der beruflichen Entwicklung und der Wohnsituation führen also zu einer großen Diversität der Entwicklungsverläufe; von Einfluss ist auch die ethnische Herkunft (Seiffge-Krenke & Haid, 2012).

In der Folge der Arnettschen Theorie wurden zahlreiche Studien an jungen Leuten in der ganzen Welt (Arnett, 2016) durchgeführt. Es ließen sich in vielen westlichen Ländern, so in Europa und den USA, aber auch in Südamerika und den asiatischen Ländern, empirische Belege dafür finden, dass sich tatsächlich in der Altersgruppe von 18 bis etwa 25 Jahren die von Arnett beschriebenen fünf Merkmale finden lassen.

2.4 Belege für das Hinausschieben von Markern des Erwachsenenalters

Diese Phase des Explorierens hat als Voraussetzung, dass Aufgaben des Erwachsenalters noch hinausgeschoben werden können, dass die Verantwortung in einigen Bereichen noch nicht vollständig übernommen werden muss. Daher wäre zu klären, ob sich die typischen fünf Merkmale bei allen finden, wie es mit der Bildungsabhängigkeit steht und wie es etwa jungen Menschen geht, die arbeitslos sind. Diese Frage ist auch für uns Psychotherapeuten wichtig, denn einige Krankheitsbilder sind schichtabhängig und armutsbedingt.

Dazu möchte ich empirische Belege schildern, die sich auf deutsche Studien beziehen. Es handelt sich zum einen um eine eigene Studie an über 3000 jungen Leuten zwischen 20 und 30 Jahren, die in Jena und Mainz im Längsschnitt untersucht wurden. Es flossen über mehrere Jahre Daten aus Ost- und Westdeutschland ein, um so Veränderungen über die Zeit prüfen zu können. Des Weiteren möchte ich die Daten einbeziehen, die wir an 300 Familien im Längsschnitt erhoben haben. Beginn der Studie war im Jugendalter der Kinder (14 Jahre), die letzte Erhebung erfolgte im Alter von 30 Jahren der »Kinder«. Hier konnten wir ganz hautnah verfolgen, wie unsere ehemaligen Jugendlichen nun als junge Erwachsene den Auszug und die finanzielle Unabhängigkeit bewerkstelligten, wie sie beruflich vorankamen, wie sie Partnerschaften aufbauten, Trennungen erlebten und welche Rolle dabei die Identitätsentwicklung spielte. Die Erhebung von Elterndaten macht möglich, auch deren Sicht einfließen zu lassen. Einmal jährlich besuchten wir die Familien zuhause und führten Interviews und Fragebogen mit den Kindern und ihren Eltern durch; nach dem Alter von etwa 20 Jahren war unsere Stichrobe der jungen Leute sehr mobil; es war zeitaufwendig, sie nach diversen Umzügen wiederzufinden.

In dieser Längsschnittstudie an den 300 Familien (Seiffge-Krenke, 2016a; Seiffge-Krenke & Gelhaar, 2006) gab es nur einen kleinen Prozentsatz der »Kinder«, der im Alter von 25 Jahre arbeitete (27 %, dazu zählten auch sehr kurzfristige Jobs). 30 % befanden sich in einer Lehre und 43 % waren Universitäts- und Fachhochschulstudenten. Zu diesem

Zeitpunkt waren erst 4 % verheiratet, 3 % hatten Kinder. Eine ganz ähnliche Verteilung haben wir auch in der großen Mainz-Jena-Studie gefunden. Allerdings waren Partnerbeziehungen relativ häufig und stiegen im Alter von 21 bis 25 Jahren auf den Prozentsatz von 54 bis 62 % an. Dies waren selten dieselben Partner bzw. Partnerinnen, denn Trennungen waren häufig und die Beziehungen oft sehr unverbindlich (▶ Kap. 3).

Wie auch in der Gesamtbevölkerung fanden wir in unseren Studien, dass Männer eher »Nesthocker« sind, Söhne ziehen also später aus als Töchter. Das Auszugsalter in unserer Längsschnittstudie stimmte sehr gut mit den Daten in der Gesamtbevölkerung überein. Im Alter von 21 Jahren waren 54 % ausgezogen, im Alter von 25 Jahren 81 %. Da wir viele Daten aus dem Jugendalter dieser Personen hatten, auch von ihren Eltern, ließ sich recht gut vorhersagen, wer später einmal ein »Nesthocker« werden würde – neben dem Geschlecht als Vorhersagevariable (▶ Kap. 7).

Das Statistisches Bundesamt, (2019) zeigt eine Beschäftigungsquote von 34 % in der Altersgruppe 20–25 Jahre (1999 waren es noch 44 %). 41 % der jungen Leute hatten ihren ersten Job zum Befragungszeitpunkt bereits wieder beendet. Historische Vergleiche belegen darüber hinaus, dass sich das Alter bei Einstig in die Lehre von 16 auf 20 Jahre erhöht und sich die Studienzeit um mehrere Jahre verlängert hat. Gegenwärtig steigt man also viel später in eine Berufsausbildung ein als noch vor Jahrzehnten und studiert auch deutlich länger.

Heiraten ist heutzutage nicht unbedingt eine Option und muss sich in Konkurrenz zu Freizeit, Konsum und Beruf behaupten; nach den neuesten Shell- Studien finden es nur noch rund 1/3 der jungen Leute sinnvoll, zu heiraten. 1970 waren noch 50 % der 24-Jährigen bereits verheiratet, 2020 sind es nur noch 9 %. Unverheiratetes Zusammenleben ist häufig, auch mit Kindern. Wenn überhaupt geheiratet wird, dann deutlich später als vor Jahrzehnten. Das durchschnittliche Heiratsalter hat sich für Männer auf 34 und für Frauen auf 32 Jahre erhöht, rund 6–8 Jahre später als noch vor zwei Jahrzehnten. Entsprechend ist das durchschnittliche Alter der Mütter bei Geburt des ersten Kindes von 26 (1991) auf 32 Jahre gestiegen (Statistisches Bundesamt, 2019).

Faktoren wie verlängerte Schul- und Ausbildungszeiten, aber auch unsichere Beschäftigungsverhältnisse nach Berufs- oder Studienabschluss werden mit dem Anstieg des durchschnittlichen Heiratsalters, dem späteren Berufseintritt und späteren Elternwerden in Verbindung gebracht. Die Phase, in der man Geld verdient, mit einem Partner zusammenzieht und Kinder bekommt, verschiebt sich also immer mehr nach hinten. Die meisten jungen Leute geben eine Elternschaft als das Kriterium an, anhand dessen sie sich »erwachsen« fühlen. Der Beginn der Elternschaft hat sich auch deshalb zeitlich nach hinten verlagert, weil es immer länger dauert bis gesicherte berufliche Verhältnisse eingetreten sind – für viele eine Voraussetzung für die Realisierung des Kinderwunschs.

2.5 Der Master in Narzissmus: Lassen sich die typischen fünf Merkmale bei allen jungen Erwachsenen gleichermaßen finden?

Es mag sich die Frage stellen, ob sich die Möglichkeiten der Exploration, der Selbstfokussierung nur auf eine Subgruppe von jungen Erwachsenen beschränken, die aus gebildeten, privilegierten Schichten stammen. Das ist eine berechtigte Frage, der wir in unsere Studie an 20- bis 30-Jährigen nachgegangen sind. Über 3.000 junge Erwachsene aus West- und Ostdeutschland mit einem ganz unterschiedlichen beruflichen und finanziellen Hintergrund haben an dieser Studie teilgenommen (Seiffge-Krenke & Haid, 2012; Seiffge-Krenke, 2017a). Insgesamt drei Erhebungen fanden in den folgenden Jahren statt, so dass es auch möglich war, Veränderungen in den fünf typischen Merkmalen über die Zeit aufzuzeigen. An unserer Jena-Mainz-Studie hatte eine relativ große Anzahl von über 1.800 Studierenden teilgenommen, und um die Gruppengrößen in etwa vergleichbar zu halten, haben wir daraus eine Teilstichprobe gezogen. Verglichen wurden so die Daten von 686 Studierenden, 409 Berufstätigen, 268 in der Lehre Befindlichen, und 110 Arbeitslosen (im Schnitt seit 8.31 Monaten arbeitslos). Am Beginn waren unsere Teilnehmer in allen vier Gruppen im Mittel 23 Jahre alt; die meisten Teilnehmer waren Deutsche. Sie kamen überwiegend aus Zwei-Eltern-Familien mit einem breiten Spektrum an sozioökonomischen Hintergründen. Dabei ging es uns um die Differenzierung der Ergebnisse nach dem Berufsstatus und speziell um die Frage: Beeinflusst die Bildung oder Schicht die Art und Weise, wie jungen Leute diese Phase erleben?

Zunächst einmal, war es für uns überraschend, dass wir tatsächlich in allen vier Gruppen (berufstätig, studierend, arbeitssuchend, in Ausbildung) die fünf charakteristischen Merkmale, die Arnett als typisch nennt, fanden – allerdings waren sie unterschiedlich stark ausgeprägt (Seiffge-Krenke, 2017a). Am deutlichsten waren sie bei Studierenden nachweisbar, sie bildeten sozusagen prototypisch die Merkmale dieser Phase ab mit einer sehr starken Exploration, ausgeprägtem Selbstfokus, dem Gefühl irgendwie noch nicht richtig erwachsen zu sein und hoher Instabilität mit häufigen Umzügen und Wohnort-/Studienfachwechseln. Die gleichaltrigen Berufstätigen dagegen waren deutlich weniger selbstfokussiert, viel bezogener auf andere und fühlten sich auch weniger »dazwischen«; sie scheinen schon eher angekommen im Erwachsenalter, denn die Explorationsneigung hatte deutlich abgenommen. Sie waren auch in ihrer Identität schon weiter vorangeschritten und in ihren Partnerbeziehungen fester gebunden. Auch die in der Lehre befindlichen gleichaltrigen jungen Erwachsenen waren weniger selbstfokussiert und fühlten sich eher als erwachsen. Bei den Kurzzeitarbeitslosen war eine starke Explorationsbewegung auffallend – sie waren extrem bemüht, wieder einen Job zu finden. Alle von Arnett genannten Merkmale finden sich demnach bei allen vier Gruppen, ganz unabhängig vom Ausbildungsniveau und dem beruflichen Status. Die Studierenden scheinen aber der Prototyp zu sein, wegen ihres enorm hohen Wertes im Selbstfokus habe ich ihnen einen »Master in Narzissmus« zuerkannt (Seiffge-Krenke, 2021b).

2.6 Trotz vieler Freiheiten: Die Zunahme an Entwicklungsdruck

Die jungen Erwachsenen heute haben viele Freiheiten und Möglichkeiten, die frühere Generationen nicht kannten. Und dennoch: Es ist auch eine Belastung spürbar, die sich u. a. in psychischen und körperlichen Symptomen äußert- diese Altersgruppe hat die höchste Prävalenzrate (▶ Kap. 4). Womit hängt dies zusammen? Die Ursachen sind vielschichtig und werden in den nächsten Kapiteln erläutert. Im Folgenden geht es darum, dass die jungen Erwachsenen in der Regel nicht stressfrei explorieren, sondern einen erheblichen Druck verspüren, die Aufgaben ihrer Altersstufe zu realisieren.

Die Erwartungen, die die Elterngeneration an die jungen Erwachsenen stellt – und die diese teilweise selbst vertreten – betreffen die Realisierung bestimmter Entwicklungsaufgaben, die sich offenkundig über die Jahrzehnte wenig geändert haben, nur der Zeitrahmen zu ihrer Realisierung hat sich stark ausgedehnt. Bereits vor vielen Jahrzehnten wurden nämlich für das junge Erwachsenenalter (18 bis 30 Jahre) drei wichtige Entwicklungsaufgaben von Havighurst (1956) als relevant erachtet: Die Etablierung eines eigenen Haushalts, die Entwicklung fester Partnerschaften und der Einstieg in den Beruf. Zu unserem Erstaunen streben das junge Erwachsene auch heute noch an (Seiffge-Krenke & Gelhaar, 2006), aber die Zeiten bis zur Erreichung dieser Ziele haben sich sehr ausgedehnt.

Was die Etablierung eines eigenen Haushalts angeht, so hat der späte Auszug und die große Zahl von »Nesthockern« in den letzten Jahren erhebliche mediale Aufmerksamkeit bekommen. Durch Corona bedingt hat sich das Phänomen des späten Auszugs noch verstärkt bzw. die »Kinder« sind wieder zurück ins Kinderzimmer gezogen. In unserer bereits erwähnten Längsschnittstudie, in der wir Familien jährlich untersuchten, und zwar vom 14. Lebensjahr der Kinder bis zu deren 30. Lebensjahr, ist sehr deutlich, dass der Auszug aus dem Elternhaus in den Altersstufen 21 bis 25 stark ansteigt, dass aber auch rund 20 % bis zum Alter von 25 Jahren noch zu Hause wohnen blieb. Diese »Nesthocker« hatten seltener Partner, während die im gleichen Zeitraum bereits ausgezogenen sehr engagiert in (wechselnden) Partnerschaften, waren. Etwa 25 % zogen nach kritischen Lebensereignissen (Schwangerschaft, Kündigung, Studienfachwechsel) wieder in das Elternaus zurück, wenn auch kurzfristig. Wie erwähnt wird dieser Prozentsatz unter Corona-Bedingungen sicher gestiegen sein. Für den zeitgerechten Auszug war eine sichere Bindung an die Eltern sehr entscheidend, dies passt zu den Prämissen der Bindungstheorie: Von einer sicheren Basis aus ist die Exploration »draußen« möglich. Sicher gebundene junge Erwachsene ziehen früher bzw. zeitgerecht (20–21 Jahre, gemessen am Bundesdurchschnitt) aus (von Irmer & Seiffge-Krenke, 2008).

Es ist wirklich erstaunlich, dass sich junge Leute auch heute noch am Konzept der Entwicklungsaufgaben von Havighurst (1956) orientieren. Über 70 Jahre danach lässt sich bei jungen Erwachsenen in Deutschland nachweisen, dass sie die Entwicklungsaufgaben des Auszugs aus dem Elternhaus, der endgültigen auch finanzielle Autonomie von den Eltern, des Übergangs in die Berufstätigkeit sowie die Etablierung stabiler Partnerschaften immer noch als für sie wichtige Ziele beschreiben, die allerdings durch die vielen Wahlmöglichkeiten und die ungewissen Zukunftsaussichten sehr viel schwerer zu erreichen seien als Dekaden zuvor. Lediglich die Entwicklungsaufgabe der Elternschaft hat gegenüber früheren Dekaden deutlich als Entwicklungsziel an Bedeutung verloren.

Wie junge Leute diese Entwicklungsziele sehen, haben wir auch in der erwähnten Studie in Ost- und Westdeutschland untersucht und da gibt es wenig Unterschiede in Abhängigkeit vom beruflichen Status. Erstaunlicherweise waren die angestrebten Ziele (»Das möchte ich gerne«) in allen Gruppen (Berufstätige, in Ausbildung Befindliche, Studierende, Arbeitslose) einheitlich hoch, auch bei Arbeitslosen, dagegen der Entwicklungsstand (»Das kann ich schon«) sehr niedrig und veränderte sich in den Folgejahren kaum. Da der Entwicklungsstand in allen Entwicklungsaufgaben recht niedrig war, aber die Ziele hochgesteckt sind, ist ein erheblicher Entwicklungsdruck entstanden, der übrigens in Ost- und Westdeutschland gleich hoch war. Herausragend ist der besonders geringe Entwicklungsstand der Studierenden in Bezug auf finanzielle Unabhängigkeit, das Erreichen einer festen Partnerschaft, Zusammenleben mit dem Partner sowie den Eintritt in die Berufstätigkeit. Damit sind die Studierenden diejenigen, die noch stärker explorieren, sich nicht festlegen wollen, finanziell abhängig bleiben – aber mit ähnlich hoch gesteckten Entwicklungszielen wie die anderen Gruppen – sie sind die Gruppe mit der höchsten selbst erlebten Diskrepanz zwischen Zielen und Entwicklungsstand. Dieser hohe Entwicklungsdruck erklärt teilweise, warum gerade Studierende verstärkt in Beratungsstellen bzw. ambulanten Praxen um therapeutische Hilfe nachsuchen.

2.7 Veränderungen in der biografischen Selbstwahrnehmung als »dazwischen«

Zusammengenommen lassen sich demnach in beiden Längsschnittstudien alle von Arnett (2004) als typisch erachteten Merkmale empirisch bei Berufstätigen, in der Lehre Befindlichen und Arbeitslosen nachweisen, sind aber am ausgeprägtesten bei Studierenden (Seiffge-Krenke, 2017a). Die gleichaltrigen Berufstätigen sind deutlich weniger selbstfokussiert, explorieren erheblich weniger, fühlen sich eher erwachsen und sind schon viel stärker auf andere bezogen.

Die biografische Selbstwahrnehmung zwischen nicht mehr jugendlich und noch nicht erwachsen wird auch durch die großangelegte AID-A: 2019 Studie unterstrichen (Berngruber et al., 2020). Die Studie »Aufwachsen in Deutschland« des Deutschen Jugendinstituts untersuchte die Lebenssituation und die Lebenslagen bis zum Alter von 32 Jahren an 22.000 Personen. Bis zum Alter von 21 Jahren wird relativ häufig in der Selbstwahrnehmung »mal so mal so« angegeben, aber ab dem Alter von 28 Jahren sehen sich rund zwei Drittel als erwachsen an. Auch in dieser großen Studie wurde gefunden, dass junge Leute mit Abitur sich noch länger als jugendlich und »mal so mal so« einstufen, während sich junge Leute mit Hauptschulabschluss zu diesem Zeitpunkt schon eher als erwachsen ansehen. Auch hier wurde gefunden, dass junge Leute, die ein Kind haben, sich schon eher als erwachsen einschätzen (63 %), und auch Verheiratete tun dies in größerem Umfang (50 %) als Singles.

Die Kategorie »mal so mal so«, also eine unentschiedene Selbstwahrnehmung, findet sich übrigens häufiger bei homosexuellen, lesbischen und bisexuellen jungen Menschen als bei altersgleichen Heterosexuellen. Generative Verantwortung für sich und andere übernehmen- als Kern dessen, was Erwachsensein bedeutet – steht also am Ende des langgezogenen Transitionsprozesses. Von soziologischer Perspektive wird betont, dass auch die älteren Erwachsenen in zunehmendem Maße mit der Anforderung konfrontiert werden, jung und flexibel zu sein, Offenheit zu zeigen und »überflüssige« Bindungen zu vermeiden (King, 2020). Die Erscheinungsformen zwischen jungen und älteren Erwachsenen sind also schwerer abgrenzbar als bei früheren Generationen, (▶ Kap. 7).

2.8 Die Konzeption von Peter Blos: Postadoleszenz oder pathologisch prolongierte Adoleszenz?

In diesem Kontext möchte ich auf eine ältere theoretische Arbeit eingehen, die vor vielen Jahrzehnten den Übergang zwischen Jugendalter und jungem Erwachsenenalter beschrieben hat. Das 1962 in den USA (1973 in deutscher Sprache) erschienene Buch von Peter Blos, das mehrere deutsche Auflagen durchlief (zuletzt 2015), ist eine der wenigen umfassenden psychodynamischen Arbeiten zum Jugendalter. Blos, ein Freund von Erikson aus Karlsruher Tagen, ging später nach Wien, wo er zunächst als Erzieher des ältesten Sohnes von Dorothy Burlington arbeitete und später, als er Direktor der experimentellen psychoanalytischen Schule wurde, Erikson zu seiner Unterstützung nach Wien holte.

Blos versuchte, den Übergang von der Kindheit zum Erwachsenenalter durch Differenzierung in fünf Phasen der psychosozialen Entwicklung überschaubarer zu machen. Er gliederte die Adoleszenz in verschiedene Teilphasen wie die Präadoleszenz, die Frühadoleszenz und die mittlere Adoleszenz mit jeweils spezifischen Aufgaben. Für uns be-

2.8 Die Konzeption von Peter Blos

sonders interessant sind die letzten beiden Phasen; Blos beschreibt sie folgendermaßen:
Spätadoleszenz: Irreversible sexuelle Einstellung, Aufschubmanöver. Die Spätadoleszenz (etwa 18 bis 20 Jahre) ist eine Phase der Konsolidierung, in der es zu einer Stabilisierung der Ich-Funktionen kommt, zu einer einheitlichen Identität, verbunden mit einer stabilen Selbstdarstellung. In dieser Phase wird eine konstante Objektbesetzung sowie eine irreversible sexuelle Einstellung (vorzugsweise verbunden mit einem genitalen Primat) erreicht. Es ist zugleich eine Phase relativer Reife, denn der Jugendliche bemüht sich um die Ausarbeitung eines einheitlichen Ichs. Wir wissen über den Weg der Persönlichkeitskonsolidierung allerdings noch recht wenig, da, wie Blos (2015, S. 152) ausführt, »Integration eben leiser vor sich geht als Desintegration«. Dass im Alter von 18 bis 20 Jahren eine Sexualwahl getroffen ist, wird auch daran deutlich, dass Homosexuelle sich ab diesem Zeitpunkt als permanent homosexuell betrachten.

Postadoleszenz: Konsolidierung, Experimentieren, Aussöhnung mit den Eltern. Die Postadoleszenz (21 bis 25 Jahre) stellt eine Übergangsperiode zwischen Adoleszenz und Erwachsensein dar. Es kommt zu einer Konsolidierung sozialer Rollen und der Berufswahl bzw. dem Abschluss der Berufsausbildung. Die emotionale Entwicklung ist allerdings keineswegs zum Abschluss gekommen. Dies sieht man an dem typischen Verhalten des postadoleszenten *Experimentierens* im Bereich von Sexualität, mit potenziellen Liebesobjekten mit neuen Lebensformen. Im Gegensatz zur Spätadoleszenz ist wichtig, dass die Ziele schließlich in Form von dauerhaften Bindungen, Rollen oder einer dauerhaften Berufswahl umgesetzt werden können.

Klinisch bedeutsam ist, dass Blos (1954) in einer weiteren Arbeit die Aufschubmanöver beschrieb, die Jugendliche in der *prolongierten Adoleszenz* unternehmen. Angesichts der heutigen Verlängerung und Ausdehnung, wie sie in der neuen Entwicklungsphase des »emerging adulthood« (Seiffge-Krenke, 2019) beschrieben wird, ist das eine interessante Perspektive. Blos beschrieb im Grunde das Aufschieben erwachsener Verantwortung. Therapeutische Implikationen hat dieses Verharren in einer Entwicklungsposition dann, wenn eine bestimmte Toleranzgrenze überschritten wird und die Unfähigkeit zur Lösung der elterlichen Bindung ursächlich mit pathologischen Fixierungen zusammenhängt. Daher auch die Bezeichnung »pathologisch prolongierte Adoleszenz«. Für Blos war dies eindeutig – zu der damaligen Zeit – ein pathologischer Prozess, eine pathologische Fixierung, die eine Indikation für Psychotherapie darstellte (▶ Kap. 5, ▶ Kap. 6). Es ist aber anzumerken, dass in diesem Entwicklungsabschnitt zugleich psychische Erkrankungen in ein manifestes Stadium eintreten und eine besorgniserregend hohe Sterblichkeitsrate (aufgrund von Unfällen und Suiziden) vorliegt. Es ist also von einem engen Zusammenhang zwischen Entwicklungsverzögerung und psychischen Störungen auszugehen (▶ Kap. 4).

2.9 Was ist neu? Vom Privileg für wenige zur Möglichkeit für (fast) alle

Die Unterscheidung, »Was ist eigentlich normal?« und wo sind Grenzen überschritten bzw. wann ist eine behandlungsbedürftige Störung entstanden, ist keine leichte (▶ Kap. 5). Die empirischen Belege, die eine Verlängerung der Schul- und Ausbildungszeiten, den späteren Eintritt in Beruf und feste Partnerschaft und gegebenenfalls Elternschaft für einen erheblichen Prozentsatz der jungen Leute verdeutlichen, zeigen insgesamt, dass wir umdenken müssen. Es ist nicht länger sinnvoll, von einer pathologisch prolongierten Adoleszenz zu sprechen, wie sie Peter Blos (1973/2015) für junge Leute in den 1960er und 1970er Jahren beschrieben hatte, als es kürzere Ausbildungszeiten und Vollbeschäftigung gab und Möglichkeiten des vorehelichen Zusammenlebens tabuisiert wurden.

Die in den letzten Jahren eingetretenen gesellschaftlichen Veränderungen mit ihren verlängerten Schul- und Ausbildungszeiten, einer gesellschaftlichen Unterstützung von Exploration, etwa durch Stipendien und Fördergelder, durch die Möglichkeiten der Absolvierung von Ausbildungen und Studiengängen in anderen Ländern bei finanzieller Absi-

2.9 Was ist neu? Vom Privileg für wenige zur Möglichkeit für (fast) alle

cherung und bei weitgehender sexueller Liberalisierung haben gegenwärtig zu einer normative Phase des »emerging adulthood« geführt, in der sich der Zustand zwischen noch nicht erwachsen sein und Privilegien und Kindheitsvorrechte genießen bis in die Endzwanziger hinein verschiebt.

Auch die elterlichen Erziehungshaltungen haben sich sehr gewandelt. Eltern unterstützen ihre Kinder nachhaltig, ja oftmals sogar bis weit in das Erwachsensein praktisch und emotional (Seiffge-Krenke & Escher, 2018), teilweise weil diese Kinder inzwischen für den Selbstwert der Eltern so wichtig geworden sind. Man hat erhebliche Separationsängste bei Eltern von Jugendlichen und jungen Erwachsenen gefunden (▶ Kap. 3) und wir sollten dies als Therapeuten berücksichtigen und damit den Eltern dieser jungen Leute auch Raum geben (▶ Kap. 7).

Ich möchte unterstreichen, dass alle vorgestellten Studien an klinisch unauffälligen jungen Erwachsenen durchgeführt wurden. Auch die verlängerte, qualitativ veränderte Identitätsentwicklung mit einer erheblichen Instabilität im Bereich Beruf und Beziehungen, die im nächsten Kapitel (▶) dargestellt wird, ist heute eine normative Entwicklung geworden. Das Hinausschieben von Markern des Erwachsenwerdens, ökonomische Abhängigkeit und ein unklarer Berufs- und Partnerschaftsstatus mit vielen Wechseln sind normativ und keinesfalls als pathologisch anzusehen.

Man mag die Frage aufwerfen, ob die Entstehung der Phase »emerging adulthood«, die sich zwischen die Phase des Jugendalters und des Erwachsenenalters geschoben hat und die inzwischen im Selbsterleben der jungen Leute in vielen internationalen Studien, so auch in Deutschland bestätigt, gefunden wurde, tatsächlich etwas Neues ist oder ob sie nicht schon immer existierte, und zwar für die privilegierte Oberschicht. Es gibt viele Beispiele dafür, dass es immer schon Personen gab, die die Zeit zum Erwachsenwerden ausdehnten und sich lange erlauben konnten, frei von beruflichen und finanziellen Verpflichtungen ihre Entwicklung voranzutreiben. Es ist natürlich kein Zufall, dass diese Biografien fast immer Männerschicksale betreffen (z. B. Marcel Proust, Aby Warburg, vgl. Seiffge-Krenke, 2022). Eine verlängerte Identitätsentwicklung bis weit ins Erwachsenenalter hinein mit einem verzögerten Auszug, größerer Exploration im Bereich von Beruf und Partnerschaft, ist aber nicht mehr länger das Privileg von wenigen Männern, sondern heute eine normative Entwicklung für alle Geschlechter geworden. Dennoch müssen wir mitbedenken, dass nicht alle unsere Patienten die gleichen Möglichkeiten haben; es gibt auch heute noch zahlreiche Barrieren, insbesondere unter prekären Lebensbedingungen. Auch kulturelle Einflüsse sind zu bedenken: In kollektivistischen Kulturen ist die Orientierung am »wir« sehr viel größer, treten individuelle Bedürfnisse und Interessen eher in den Hintergrund (Seiffge-Krenke, 2022)

Wir haben eine historische Veränderung insofern, als ein früheres männliches Privileg sich verwandelt hat in eine Chance für viele. Auch heute noch erfolgen für junge Leute der bildungsfernen Schichten die Transitionen in einem kürzeren Zeitraum, sie müssen früher Verantwortung übernehmen, ihnen bleibt weniger Zeit für die Exploration verschiedener Identitätsentwürfe – auch dies müssen wir bedenken. Dennoch trifft zu, dass heute in Gänze mehr junge Leute die Möglichkeiten für »exploration and fun« haben, wie Arnett (2004) es nennt, aufgrund von höherer wirtschaftlicher Stabilität und finanzieller Unterstützung durch Eltern oder Staat. Die Shell-Studie (2015) zeigt eindeutig an einer großen Gruppe von deutschen Befragten der Altersstufen bis 24 Jahre, dass ihnen Spaß sehr wichtig ist, auf der anderen Seite aber viel getan wird zur Abwendung der potenziell drohenden Arbeitslosigkeit und dass die beruflichen und partnerschaftlichen Ziele mit gleicher Ernsthaftigkeit und Wertigkeit angestrebt werden.

2.10 Therapeutische Konsequenzen: Abschied von pathologisierenden Konzepten

Ich habe versucht aufzuzeigen, was sich in der Entwicklung junger Erwachsener im Vergleich zu früher geändert hat. Hier sind natürlich familienpsychologische Veränderungen (stärkere Unterstützung der Kinder, die Kinder als Selbstobjekt), aber auch gesamtgesellschaftliche Ursachen (Ausdehnung der Schulzeiten, gesellschaftliche Akzeptanz und Förderung von beruflicher und partnerschaftlicher Exploration) als Ursachen zu bedenken. Dass die Autonomieentwicklung und die strukturelle Festigung des Selbst heute länger braucht als noch in vergangenen Dekaden, zeigen Forschungsbefunde in vielen Industrieländern, so auch in Deutschland, auf (Seiffge-Krenke, 2019). Ich habe u. a. an die psychoanalytische Theorie von Blos erinnert, der für die Altersstufen der späten Adoleszenz und des jungen Erwachsenenalters eine Konzeption vorgelegt hat, die Merkmale, die wir heute als typisch und »normal« für junge Erwachsene halten, doch eher in den Bereich des klinisch Auffälligen einordnet- auf dem Boden von ganz anderen Lebensumständen als heute nur zu verständlich. Wir müssen also umdenken: Die geschilderte Entwicklung ist keinesfalls als pathologisch, sondern eher als normativ anzusehen. Für uns als Kliniker ergibt sich daraus die Frage: Ab wann wird es pathologisch?

Deutlich wurde auch in dem bislang Dargestellten, dass trotz des verlängerten Überganges aus der Sicht der jungen Erwachsenen die Zielsetzungen und gesellschaftlichen Erwartungen internalisiert sind und einen gewissen Entwicklungsdruck ausüben, auch wenn der reale Entwicklungsstand noch sehr gering ist und es noch lange dauert, bis partnerschaftliche und berufliche Entwürfe realisiert werden können. Dass die Realisierung solcher Entwürfe nicht nur ein individuelles Problem ist, sondern der Entwicklungskontext hier Möglichkeiten oder Risiken bereithält (Seiffge-Krenke, 2022), sollte ebenfalls bedacht werden.

Zusammenfassung

Das junge Erwachsenenalter ist eine eigenständige Entwicklungsphase mit fünf typischen Merkmalen und findet sich in allen westlichen Industrieländern. Diese Merkmale (wie starker Ich-Fokus, verzögerte Identitätsentwicklung) machen die Abgrenzung von behandlungsbedürftigen Störungen schwer, zeigen aber zugleich auf, wo die Entwicklung aus dem Ruder zu laufen scheint. Wir müssen ältere psychoanalytische Konzepte, die in einem anderen Entwicklungskontext entstanden sind, revidieren. Auch unsere Erwartungen an festgefügte Phasen des Lebensspannenkonzeptes bedarf der Revision – dennoch sind grobe Altersmarkierungen für uns als Psychotherapeuten wichtig. Bei allen Möglichkeiten und Freiheiten zur Exploration ist doch bei vielen jungen Menschen ein erheblicher Entwicklungsdruck zu spüren, die Aufgaben des Erwachsenenalters zu übernehmen.

Literatur zur vertiefenden Lektüre

King, V. (2020). Das Konzept »emerging adulthood« aus jugendtheoretischer und zeitgenössischer Sicht. *Diskurs, 4*, 355–369.
Seiffge-Krenke, I, (2017). Studierende als Prototyp der »emerging adults«. Verzögerte Identitätsentwicklung, Entwicklungsdruck und hohe Symptombelastung. *Psychotherapeut, 62*, 403–410.
Seiffge-Krenke, I. (2019). Die neue Entwicklungsphase des »emerging adulthood« Typische Störungen und Entwicklungsrisiken und Ansätze der psychotherapeutischen Versorgung. *Psychodynamische Psychotherapie, 3*, 176–192.

Weiterführende Fragen

- Können die zusammengetragenen Forschungsbefunde bei einer Entpathologisierung des verlängerten Überganges helfen?
- Wie zieht man die Grenze zwischen »normalen« Entwicklungsverläufen und einer behandlungsbedürftigen Störung?
- Wie sieht der Entwicklungskontext von jungen Erwachsenen in prekären Verhältnissen aus und welche Möglichkeiten und Barrieren gibt es für sie?
- Welche Möglichkeiten und Barrieren gibt es in dieser Entwicklungsphase für junge Erwachsene aus einem anderen Kulturkontext?

3 Veränderte Identitätsentwicklung und ihre Auswirkungen auf Beziehungen

Lieben und Arbeiten sind nach Freud wichtige Therapieziele. In der Tat kommen viele Patienten zwischen 20 und 30 Jahren in die Praxen und Ambulanzen mit Schwierigkeiten in diesen Bereichen. Auch die nicht vollzogene Autonomie von den Eltern, die damit unmittelbar zusammenhängt, wird häufig als Problem genannt. Wie im vorangegangenen Kapitel geschildert (▶ Kap. 2), spüren die jungen Erwachsenen einen erheblichen Entwicklungsdruck, sich in Richtung auf Autonomie von den Eltern, feste Partnerbeziehungen und berufliche Vorstellungen zu verändern und sie nehmen zugleich war, dass sie da noch am Anfang stehen. Es ist wichtig, zu verstehen, was sich in diesen Entwicklungsbereichen verändert hat, um abschätzen zu können, wo unsere Patienten diesbezüglich stehen und welche Behandlungsangebote und Interventionen ihnen helfen können. Von besonderer Bedeutung sind die Auswirkungen der verlängerten und qualitativ veränderten Identität auf die berufliche und insbesondere die Beziehungsentwicklung, denn dies hat unmittelbare Konsequenzen, die auch die therapeutische Beziehung betreffen (▶ Kap. 6). Erneut betrachten wir Befunde gesunder junger Erwachsener, sie stellen den entwicklungspsychologischen Hintergrund dessen dar, was wir für die Patienten, die bei uns in die Sprechstunde kommen, benötigen.

3.1 Die »Identitätskrise« im jungen Erwachsenenalter und der biografische Bezug bei Erikson

Wir wollen uns nun im Folgenden verstärkt mit der psychoanalytischen Theorie der Identitätsentwicklung von Erikson und den in den letzten Jahrzehnten empirisch gefundenen starken Veränderungen in diesem Bereich beschäftigen. Eben jene veranlassten Arnett u. a., diesem Punkt in seinen Merkmalen für die Entwicklungsphase »emerging adulthood« eine so herausragende Stellung zuzuweisen. Diese Veränderungen haben Auswirkungen auf die berufliche Entwicklung, aber vor allem auch auf die Qualität und Dauer von Partnerbeziehungen. Für zunehmend weniger junge Erwachsene ist die enge Verknüpfung von reifer Identität mit einer hohen Qualität einer Partnerschaftsbeziehung typisch, sondern kurze, sporadische Beziehungen mit wenig Verlässlichkeit und oftmals stark narzisstischen Zügen.

Erikson veröffentlichte sein Stufenmodell der psychosozialen Entwicklung vor 70 Jahren. Seine Biografie gibt viele Hinweise auf die Bedeutung dieses Themas für ihn (Seiffge-Krenke, 2021c), insbesondere auch den Zusammenhang von Identität und Partnerbeziehungen betreffend. So hatte er sich erst nach langer Unschlüssigkeit und Wanderungen durch Europa, in denen er sich auch künstlerisch ausprobierte, mit seinem Freund Peter Blos schließlich in Wien niedergelassen. Mit 25 Jahren begann er bei Anna Freud seine Lehranalyse als Teil seiner psychoanalytischen Ausbildung. Im unkonventionellen Klima der frühen Psychoanalyse fand er die Ideen, die ihm berufliche und weltanschauliche Identität vermittelten – und er fand auch seine Frau Joan, die ihm Stabilität gab. Mit ihr arbeitete er viel zusammen, auch das Stufenmodell war eine gemeinsame Arbeit.

Das Stufenmodell der psychosozialen Entwicklung untergliederte die Entwicklung des Menschen von seiner Geburt an bis zum Tod in acht Phasen. Die Identitätsentwicklung ist dabei zentraler Motor für die Veränderungen in den darauffolgenden Phasen. Auf die Phase 5: *Ich-Identität vs. Ich-Identitätsdiffusion* (Jugendalter) folgt Phase 6: *Intimität vs. Isolation* (frühes Erwachsenenalter), d. h. die Identitätsentwicklung ist direkte

3.1 Die »Identitätskrise« im jungen Erwachsenenalter

Voraussetzung für reife Partnerbeziehungen. Wird die Stufe 5 erfolgreich gemeistert, ist der junge Erwachsene fähig zur Liebe. An diese Phase schließt sich Phase 7: *Generativität vs. Stagnation und Selbstabsorption* (Erwachsenenalter). Generativität bedeutet, sich um zukünftige Generationen zu kümmern, Kinder großzuziehen (Conzen, 2002). Diese Stufenfolge ist für Erikson unumkehrbar. Die vorangegangenen Phasen bilden somit das Fundament für die kommenden Phasen und angesammelte Erfahrungen werden verwendet, um die Krisen der späteren Lebensalter zu verarbeiten.

Die Krise, die nach Erikson (1959) das Jugendalter charakterisiert, war zwischen den Polen *Identitätssynthese* (d. h. der Integration von früheren Identitätsaspekten und Identifikationen aus der Kindheit) und *Identitätskonfusion* (der Unfähigkeit, das Ganze zu einer kohärenten Identität zu integrieren) angesiedelt. Sie ist dadurch charakterisiert, dass der junge Mensch das, was er bisher von den Eltern unhinterfragt übernommen hat, z. B. politische, religiöse oder sexuelle Orientierung, in Zweifel zieht. Erikson unterstreicht, dass die Identitätsentwicklung einen Integrationsprozess umfasst von alten und neuen Identifikationen und Fragmenten, wobei die Identifizierungen mit den Eltern überprüft und neue Identifizierungen mit anderen (Erwachsenen, Freunden, romantischen Partnern) entwickelt werden. Dieser Prozess ist krisenreich und gefährlich, deshalb gab es schon zu allen Zeiten und in allen Gesellschaften institutionalisierte psychosoziale Schonzeiten, in denen junge Menschen die Möglichkeit der Selbstfindung ausprobieren konnten. Diese »Schonfrist« ist inzwischen besonders ausgedehnt worden.

Ein Zusammenbruch als Indikator für eine Identitätsdiffusion ist oftmals zeitlich später zu bemerken, wenn etwa neue Anforderungen (der nächsten Phase) auf den jungen Menschen zukommen, also etwa Berufswahl, Intimität mit einem Partner etc. Erikson weist darauf hin, dass Personen mit einer Identitätsdiffusion auch an einer Störung der Leistungsfähigkeit leiden. Damit nähert sich Erikson sehr stark an Befunde an, die in der Entwicklungspsychologie, u. a. auf der Grundlage umfangreicher Studien, gegenwärtig bekannt sind. Allerdings würden wir die Identitätskrise heute eher in die Phase des »emerging adulthood« verlagern, denn die Identitätsentwicklung dauert heute viel länger als noch zu Eriksons Zeiten – obwohl er sich im Übrigen viel Zeit gelassen hat für die Exploration und sich erst vergleichsweise spät festlegte.

3.2 Veränderte Identitätsentwicklung heute: Mehr Exploration, weniger Commitment

Wie in Seiffge-Krenke (2022, 2021a) dargestellt, entwickelten sich auf der Basis der Identitätstheorie von Erikson zahlreiche Ansätze zur empirischen Überprüfung und es liegen inzwischen hunderte von Forschungsarbeiten in Europa und Nordamerika zum Identitätsparadigma vor, die an klinisch unauffälligen Jugendlichen und jungen Erwachsenen durchgeführt wurden. Insofern stehen die Befunde auf einer breiten Basis und sie zeigen: Die Identitätsentwicklung hat sich zeitlich ins junge Erwachsenenalter verlagert und sich auch qualitativ verändert.

Man unterscheidet in Anlehnung an Erikson (1983) die beiden Komponenten *Exploration* (in verschiedenen Identitätsbereichen) und *Commitment* (Festlegung in Richtung auf eine bestimmte Identitätsfacette in diesen Bereichen). Dazu hat Marcia (1966) an Erikson orientiert ein Interview entwickelt, auf dessen Grundlage der Identitätsstatus ermittelt werden kann:

- Jungen Leuten, die eine Phase des Ausprobierens durchlaufen und sich dann zu einem Engagement in einem bestimmten Bereich entschließen, schreibt er eine *Achieved Identity* (erarbeitete Identität) zu.
- Personen, die sehr stark explorieren, sich aber nicht festlegen möchten, befinden sich im *Moratorium*.
- Andere dagegen explorieren kaum, sondern legen sich relativ schnell und ohne nach Alternativen zu suchen fest (*Foreclosure*).
- Eine vierte Gruppe schließlich, der eine *diffuse Identität* zugesprochen wird, exploriert nicht und kann sich auch auf nichts festlegen.

Die Meta-Analyse von Kroger et al. (2010) fand auf Grundlage von Hunderten von Studien mit der Marcia-Identitätsstatus-Diagnostik bei den 18-jährigen Studienteilnehmern erst zu 17 % eine *Achieved Identity*; ein erheblich größerer Prozentsatz befand sich im Moratorium oder einem diffusen Stadium der Identität. Das *Foreclosure-Stadium* war nicht sehr häufig vertreten. Des Weiteren zeigte sich ein Fortschreiten in der Identitätsentwicklung mit dem Alter. Während es im Alter von 22 Jahren erst 34 % der jungen Erwachsenen waren, die eine reife Identität aufwiesen (Commitment nach ausreichender Exploration) stieg dieser Prozentsatz bei den über 30-Jährigen auf 47 % an. Aus den Stadien des Moratoriums bzw. der Diffusion entwickelten sich also in den Folgejahren reifere Formen der Identität. Dies belegt, dass die Identitätsentwicklung heute später erfolgt als früher und sich qualitativ gewandelt hat mit einer starken Zunahme in der Exploration, vor allem in die Breite, und einem deutlich verringerten Commitment. Eine verlängerte, qualitativ veränderte Identitätsentwicklung ist heute also eine normative Entwicklung für alle Geschlechter im jungen Erwachsenenalter geworden.

Das *Foreclosure* Stadium war nicht sehr häufig vertreten, weil es eine frühe Festlegung erfordert, wie sie beispielsweise bei jungen Erwachsenen mit körperlichen Erkrankungen notwendig wird. In meinen eigenen Studien fand ich folgende Verteilung im Alter von 24 Jahren: Während 36 % der gesunden jungen Erwachsenen das *Foreclosure* Stadium erreicht hatten, waren es bei an Diabetes erkrankten 51 % (Seiffge-Krenke, 2010). Dies unterstreicht, wie sehr Kontextbedingungen sowie persönliche Fähigkeiten und Möglichkeiten Einfluss auf das nehmen, was an Identitätsentwicklung möglich ist.

3.3 Das sequenzielle Modell: Erst Identität, dann Intimität und Generativität?

Ein gefestigtes Identitätsgefühl, ein abgegrenztes Körpererleben und Selbstkonzept sind notwendig, damit man sich auf intime Beziehungen und Sexualität einlassen kann – so Erikson. In der Phase der Erprobung der Identitätsfacetten und der verschiedenen Identifizierungen findet nach Erikson auch ein spielerisches Experimentieren statt, oft ein gewagtes Experimentieren mit Alternativen – real und in der Fantasie. Erikson spricht von einem »Hinauslehnen über Abgründe« (Erikson 1971, S. 145). Jugendliche bedürfen eines Moratoriums, in dem sie all dieses ausprobieren, bevor sie als junge Erwachsene endgültig eine spezialisierte Arbeit aufnehmen können und zur »echten Intimität« fähig sind, so Erikson (1959). Für uns bedeutet dies: Junge Erwachsene sind noch mitten im Prozess der Identitätsneukonstruktion, er ist keinesfalls abgeschlossen, und ein Moratorium als Erprobungsstadium ist für sie wichtig.

Welche Konsequenzen hat nun die verzögerte und qualitativ veränderte Identitätsentwicklung für die Bewältigung der nächsten Aufgabe im Eriksonschen Stufenmodell? Für Erikson hängen Identität und Partnerschaft sequenziell zusammen: Eine reife Identität ist die Voraussetzung für die Entwicklung intimer Partnerschaften. Wir wissen natürlich, dass heute Sexualität gelebt werden kann, ohne dass sich die Partner als Paar erleben oder eine Beziehung führen wollen. Es gibt ganz unterschiedliche Beziehungsmodelle von jungen Erwachsenen, die sich als Freunde mit Sexualität (Freundschaft +) erleben oder als Paar erleben, aber getrennt wohnen (»living apart together«, Seiffge-Krenke & Schneider, 2012). Auch sind durch die Entkoppelung von Liebe, Sexualität, Ehe und Elternschaft ganz unterschiedliche Formen der Elternschaft möglich, die nicht unbedingt auf der Beziehung zweier sich liebender Partner beruhen müssen. Da aber Elternschaft für die jungen Erwachsenen als Entwicklungsziel erstmal noch nicht ansteht (▶ Kap. 2), wohl aber Partnerschaft, wollen wir uns nun, ausgehend vom sequenziellen Modell Eriksons mit der Frage beschäftigen: Welche Auswirkungen hat die qualitativ veränderte Identitätsentwicklung auf die Entwicklung und die Qualität von Partnerschaftsbeziehungen? Wiederum geht es um Forschungsbefunde an klinisch unauffälligen jungen Erwachsenen und wiederum werde ich verstärkt auf Befunde an deutschen jungen Erwachsenen eingehen.

3.4 Vielzahl unverbindlicher sexueller Beziehungen

Während einige junge Erwachsene stabile intime Beziehungen haben, hat eine beträchtliche Anzahl von ihnen unverbindliche sexuelle Begegnungen oder eine Vielzahl instabiler romantischer Interaktionen, die sich nach kurzer Zeit auflösen (Bode & Heßling 2015). Die Mehrheit der jungen Erwachsenen in Deutschland, aber auch in anderen westlichen Industrieländern, weist gegenwärtig solche wenig stabilen, sporadischen Beziehungen auf (Shulman & Connolly 2013). Claxton und van Dulmen (2013) beschreiben sehr unterschiedliche Muster sexueller Aktivitäten unter jungen Erwachsenen, die von One-Night-Stands und unverbindlichen sexuellen Begegnungen (»hooking up«, »sex with the ex«) bis zu gelegentlichen oder häufigen sexuellen Aktivitäten mit Freunden (Friends with benefits, FWB, oder »Freundschaft +«) reichen können (Shepardson et al. 2016). Diese Formen sexueller Begegnungen zielen meistens darauf ab, sexuelles Vergnügen zu bieten, es fehlt die Absicht, romantische Intimität oder eine feste Beziehung einzugehen, die Betreffenden erleben sich in der Regel nicht als Paar.

Die sind überraschende Befunde, denn wir wissen, dass die Erfahrungen in romantischen Beziehungen während der Adoleszenz bereits wichtig waren, um intime Fähigkeiten für zukünftige Partnerschaften aufzubauen. Diese Lernprozesse wurden aber anscheinend im jungen Erwachsenenalter nicht fortgesetzt. In ihren romantischen Erlebnissen lernen Jugendliche nämlich bereits, mit Partnern zu interagieren, emotionale und sexuelle Intimität zu erleben und auch schon in Ansätzen, Konflikte in der Beziehung zu lösen (Seiffge-Krenke 2003). Das Paar entsteht, die Beziehungen halten etwas länger, sind aber noch sehr idealistisch und Trennungen sind häufig (von Salisch & Seiffge-Krenke, 2008). Diese früher erlernten Interaktionsmuster werden in zukünftigen Beziehungen zu einem romantischen Partner während des jungen Erwachsenenalters allerdings nicht fortgeführt und umgesetzt. Wir finden, wie beschrieben, eine Vielzahl unterschiedlicher unverbindlicher Muster, und eine Paarbindung wird oftmals nicht gewünscht (Seiffge-Krenke 2021c; Seiffge-Krenke & Shulman 2020). Dabei gibt es nicht sehr viele Geschlechtsunterschiede, d. h. die Muster sind für Frauen und Männer in etwa gleich. Dies ist zunächst unter dem Gesichtspunkt der Emanzipation positiv einzuordnen. Denken wir etwa an die geringe Selbstbestimmung der Frau früher. Ein eindrucksvolles Beispiel sind die Brautbriefe, die Sigmund Freud an Martha Bernays während der 4-jährigen Verlobungszeit schrieb (Grubrich-Simitis & Hirschmüller, 2011). Freud konnte Fortschritte in seiner beruflichen Identität und in der finanziellen Absicherung für seine spätere Familie machen und zugleich das Idealbild seiner zukünftigen Frau und Mutter seiner Kinder von der Ferne aus formen. Er liebte sie für das, was sie war, aber auch für das, was sie seiner Meinung nach sein sollte (»Sei mein wie ichs mir denke«).

Bis weit in die 1970er Jahre konnten Männer eine autokratische Ehe führen mit der rechtlichen Möglichkeit, die Berufstätigkeit der Partnerin zu verhindern (der relevante Paragraph fiel erst 1973), über den Familiennamen zu bestimmen und die ehelichen Pflichten einzufordern. Unter dem Druck der Frauenbewegung, der Forderung von Frauen und auf der Basis gesamtgesellschaftliche Veränderungen wurden wesentliche Ziele der weiblichen Selbstbestimmung erreicht. Heute ist u. a. durch die *MeToo*-Debatte eine große Verunsicherung spürbar, wie weit die sexuelle Selbstbestimmung der Partnerin geht und welche (erotische, sexuelle) Annäherung von der Frau noch gewünscht wird. Allerdings wird, insbesondere bei Patienten (▶ Kap. 5) doch deutlich, wieviel Angst vor Beziehungen, wieviel Bindungsunsicherheit und wieviel Narzissmus hier oftmals eine Rolle spielt.

3.5 Warum die »Flucht vor der Intimität« im jungen Erwachsenenalter?

Die Frage, warum Lernprozesse aus der Adoleszenz nicht einfach fortgesetzt werden, sondern rund 70 % der jungen Erwachsenen laut der Metaanalyse von James-Kangel & Whitton (2019) solche sporadischen se-

3.5 Warum die »Flucht vor der Intimität« im jungen Erwachsenenalter?

xuellen Beziehungen (»non-relationship«) haben, in denen eine Partnerbindung nicht gewünscht wird, hat mich sehr beschäftigt (Seiffge-Krenke, 2021c). Die Häufigkeit von unverbindlichen Gelegenheitssex nimmt in den ersten Jahren des jungen Erwachsenenalters stark zu, insbesondere bei Studierenden.

Nun gibt es bereits in Jugendlichenpartnerschaften erhebliche individuelle Unterschiede in der Qualität der romantischen Beziehung – von wirklich verliebten über solche mit eher freundschaftlichen Beziehungen bis hin zu Paaren, bei denen weder Verliebtheit (»passion«) noch Freundschaft ihre Beziehung charakterisiert; sie bleiben zusammen trotz wenig Bezogenheit und oft erheblichen Auseinandersetzungen, die überwiegend von den Mädchen ausgehen (Seiffge-Krenke & Burk, 2015). Dennoch ist, über einen längeren Lernprozess, eine Paarbildung und Paarbindung entstanden und es wäre zu erwarten, dass junge Erwachsene auf diesem Weg weiter Fortschritte machen und sich auf dauerhaftere Beziehungen einlassen, die durch Intimität und Engagement für eine langfristige Beziehung gekennzeichnet sind (Seiffge-Krenke, Klessinger & Shulman, 2001). Dies scheint aber nicht der Fall zu sein.

Um dieses Phänomen der »non-relationships« besser zu verstehen, muss man sich klarmachen, dass junge Menschen vor ernsthaften Dilemmata stehen, wenn es darum geht, Karriere und romantisches Leben zu koordinieren (Shulman & Connolly, 2013). Einerseits verfügen sie über die Fähigkeiten und Erfahrungen, um sich für eine Beziehung zu engagieren, müssen jedoch gleichzeitig über akademische, wirtschaftliche und finanzielle Anforderungen verhandeln. Das Aushandeln zwischen individuellen Bedürfnissen, die sich auf die berufliche Entwicklung konzentrieren, und dyadischen Bedürfnissen, die sich auf romantisches Engagement konzentrieren, ist komplex und zeitaufwändig. Bis diese Koordination erreichbar ist, scheinen junge Erwachsene eher das romantische Engagement zu verschieben und gehen stattdessen ungezwungene nichtromantische sexuelle Beziehungen ein, die eine Verbindung zu einer anderen Person herstellen, aber keine »Arbeit« oder Verpflichtung erfordern. Viele junge Erwachsene berichten von Bedenken, dass sie beruflich oder studienbedingt zu beschäftigt für ein Engagement oder zu jung seien, um sich zu binden und das im Übrigen auch Mobilität von ihnen verlangt wird.

3.6 Wie geht es einige Jahre weiter: Lernfähigkeit oder »gleiches Beuteschema?«

Es sind aber auch Einflüsse des veränderten Beziehungsverhaltens zwischen Eltern und ihren erwachsenen Kindern zu bedenken. In Therapien sehen wir oft, dass die »Kinder« als Selbstobjekt der Eltern die Funktion haben, den Selbstwert von Vater oder Mutter bzw. die zerrüttete Ehe der Eltern zu stabilisieren. Ein nicht unerheblicher Prozentsatz junger erwachsener Patienten erlebt die Semiautonomie von ihren Eltern als problematisch, sie beschreiben die Beziehungen zu ihren Eltern als zu eng, bedrängend, intrusiv (▶ Kap. 5, Erstgespräche).

Diese Beobachtung kann man auch bei klinisch unauffälligen jungen Erwachsenen machen: Wir haben in unserer 7-Länder Studie gesehen (Seiffge-Krenke et al., 2018), dass intrusives Elternverhalten auch in »ganz normalen Familien« auftritt. Diese Eltern, die unter Separationsangst leiden, sich also schlecht von ihren erwachsenen Kindern trennen können und sie als Selbstobjekt brauchen, versuchen durch Druck und intrusives Verhalten Einfluss auf die Entwicklung ihrer Kinder zu nehmen, mit sehr negativen Folgen. Es ist also auch durchaus möglich und ein Stück weit verständlich, dass junge Erwachsene nach diesen Erfahrungen zunächst auf der Hut sind vor zu engen Bindungen. Auf diese Befunde und ihre Bedeutung für die Entwicklung von unbezogenen Partnerbeziehungen werde ich am Ende dieses Kapitels noch genauer eingehen.

Ich möchte darauf hinweisen, dass es nicht bei den 70 % »non_relationships«, den unbezogenen sexuellen Beziehungen ohne Wunsch nach einer Partnerschaft bleibt. Man sieht einige Jahre später wieder eine Veränderung, offenkundig handelt es sich lediglich um eine Zwischenphase des unverbindlichen Explorierens. Wir, mein israelischer Kollege und Freund Shmuel Shulman und unsere Doktoranden, fanden bei den klinisch unauffälligen jungen Leuten, dass sich interessanterweise im Längsschnitt, also über Jahre betrachtet, das unverbindliche Explorationsverhalten mit der Zeit doch änderte und zunehmend Stabilität, Kohärenz und Verbindlichkeit eintrat. Wir haben bei der Betrachtung über die Jahre drei verschiedene Typen unterscheiden können:

- Junge Leute, die immer nach dem gleichen Beuteschema eine Beziehung eingehen und damit immer wieder nach einer Weile scheitern, es kommt zu Trennungen und einer erneuten Suche, ohne dass ein Lernen spürbar war. Allerdings war dies nun, Jahre später, nur noch bei ca. 30 % der Fall.
- Junge Leute, die aus den jeweiligen Trennungen etwas für sich lernen und nach einem längeren Lernprozess den oder die »Richtige(n)« finden (33 %) sowie
- junge Leute, die sich in ihrer Paarbeziehung durchaus schon früh binden, also wenig explorieren, aber dann innerhalb der Paarbeziehung einander genügend Raum geben und sich gemeinsam entwickeln (21 %; Shulman et al., 2017).

Ich denke, diese Ergebnisse sind auch für Therapeuten interessant, weil man in Behandlungen darauf achten kann, ob die Patienten etwas aus ihren verschiedenen Begegnungen lernen und so über die Zeit jemanden finden, der besser bzw. gut zu ihnen passt. Oftmals kann man dann in Therapien beobachten, dass das Scheitern und die Ursachen des Scheiterns gar nicht so bewusst sind. Den eigenen Anteil daran verdeutlichen ist also wichtig.

3.7 Identität als Voraussetzung für Intimität: Hatte Erikson doch recht?

Verschiedentlich ist kritisiert worden, dass die Engfassung der Phasen Eriksons mit ihrer Normierung an Altersstufen und ihrer strengen zeitlichen Abfolge heute, vor allem für postmoderne Gesellschaften, so nicht mehr gültig sei. Auch wenn man die starke Familienorientierung in den Entwicklungsphasen und die nichtumkehrbare Sequenzierung kritisch sehen mag: Die Konzeption von Erikson mit ihrer Annahme der verschiedenen Entwicklungsstufen und ihrem Aufbau aufeinander ist heute noch von Bedeutung, wenn auch für eine deutlich kleinere Gruppe als noch vor Jahrzehnten. So konnten wir zeigen, dass erst eine reife Identität die Aufnahme qualitativ hochwertiger intimer Partnerbeziehungen (mit guter Balance zwischen Selbst und Partner) möglich macht (Seiffge-Krenke & Beyers 2016). Nur Personen in unserer Familien-Längsschnittstichprobe, die eine reife, also eine *Achieved Identity* hatten, waren auch später zu hochintimen, anspruchsvollen Partnerbeziehungen mit einer guten Balance zwischen Selbst und Partner in der Lage. Allerdings war interessant, dass das früher erworbene Bindungsmuster eine entscheidende, moderierende Funktion hatte. Dies unterstreicht, was auch schon Erikson formulierte, dass nämlich frühe Interaktionen und Vertrauen den Grundstein für die Identitätsentwicklung legen. Durch die verlängerte Identitätsentwicklung hat sich heute auch der Zeitpunkt, zu dem sich eine im oben definierten Sinne intime Partnerbeziehung entwickeln kann, deutlich nach hinten verschoben; dennoch bleibt die Bedeutung der Identitätsentwicklung als Voraussetzung für reife Intimität weiterhin wichtig, wenn auch für eine erheblich geringere Zahl von jungen Erwachsenen im Vergleich zu der Zeit, als Erikson das Stufenmodell entwickelte.

Während es in Bezug auf die Identitätsentwicklung keine Geschlechtsunterschiede gibt, so sind diese offenkundig bei der Intimitätsentwicklung. In diesem Zusammenhang ist sehr interessant, dass anscheinend jungen Frauen eine wichtige Rolle für die Weiterentwicklung in der Partnerschaft zukommt. Intimität wird nämlich in Mädchenfreundschaften etwa zwei Jahre früher erworben (im Vergleich zu Jungendfreundschaften) und auch früher in die Paarbeziehungen transferiert Seiffge-Krenke, 2017b). Entsprechend sind junge Frauen durch ihre höheren Intimitätswerte häufig »Lehrmeisterinnen« in Bezug auf Intimität für ihre männlichen Partner (Sidor et al., 2006).

3.8 Intime, pseudointime und symbiotische Partnerschaften

Es ist wichtig, eine gute Balance zwischen den eigenen Ansprüchen und denen seines jeweiligen Partners zu erreichen – eigene und gemeinsame Erfahrungen und Interessen sollten in einem ausgewogenen Verhältnis stehen (Seiffge-Krenke, 2021c). Dies ist die empirische Definition von Intimität, etwa in dem Partnerschaftsinterview von Orlovsky & Roades (1993), dass wir auch in unserer Studie an 300 Familien verwendeten; wir interviewten die »Kinder« zu einem Zeitpunkt, als sie etwa 25 Jahre alt waren und die meisten von ihnen schon zuhause ausgezogen waren. Wiederum sind also die Ergebnisse an klinisch unauffälligen jungen Erwachsenen gewonnen. Unsere Interviews ergaben Folgendes:

Das am anspruchsvollsten definierte Beziehungsverhältnis ist der *intimate* Status, d. h. beide Partner können einander emotional gut beschrieben, haben eine lebendige Beziehung miteinander, aber auch einen Bereich, den sie nur für sich haben. Während solche intimen Beziehungen (*intimate* als Balance zwischen selbst und Partner) bei rund 42 % der 25-Jährigen gefunden wurden, traten oberflächliche Beziehungen mit unterschiedlich langer Dauer (*pseudo-intimate* oder *sterotyp* nach Orlovsky & Roades) fast genauso häufig auf (39 %). Bei diesem Partnerschaftsstatus verfolgten beide Partner ihre individuellen Interessen ohne große Bezüge zueinander. Die Beziehungen wirkten leblos und langweilig, partnerbezogene Emotionen konnten kaum beschrieben werden (»Was soll ich sagen, ich glaube das nennt man Liebe, oder?«). Der Begriff *pseudointim* bezieht sich auf die Beobachtung, dass diese Partnerschaften intim zu wirken scheinen; die Partner haben beispielsweise Geschlechtsverkehr. Eine dritte Gruppe war ängstlich bemüht, durch Symbiose den Partner zu halten (*enmeshed*, 15 %). Diese symbiotischen Beziehungen zeichnen sich dadurch aus, dass die eigene Identität mit der des Partners regelrecht verschmilzt, die Differenzierung zwischen Selbst und Objekt geht verloren (»Wir machen immer alles zusammen und waren noch nie einen Tag getrennt«, »Ohne ihn/sie fühle ich mich unvollständig«). Bei Patienten kennt man solche Konstellationen häufiger; bei Trennung kann es bei einer dramatischen

Zuspitzung zu einem Identitätsverlust mit Gefahr des Suizides bzw. des erweiterten Suizides kommen. 4 % in unserer Studie hatten keinerlei Beziehungen (*isolate*).

Partnerbeziehungen von hoher Intimität, die sich durch eine gute Balance zwischen Selbst und Objekt auszeichnen, hängen aber nicht nur von der Identitätsentwicklung und dem Bindungsmuster ab, sondern erfordern in der Regel einen längeren Lernprozess, der konflikthafte Auseinandersetzungen auf der Paarebene sowie Partnerwechsel einschließt. Für die beginnende romantische Entwicklung im Jugendalter sind oftmals exklusive, sehr idealistische Partnerbeziehungen charakteristisch, die jedoch sehr kurzlebig sind. Erst spätere Partnerbeziehungen zeichnen sich durch größere Unabhängigkeit, eine Entidealisierung und realistische Wahrnehmung des Partners sowie größere Individualität aus. Dies ist auch der Grund, weshalb Konflikte in jugendlichen Partnerschaften eher vermieden werden, in reiferen, schon länger andauernden romantischen Beziehungen aber deutlich häufiger sind und auch – bei konstruktiver Lösung – zum weiteren Bestand der Beziehung beitragen (Seiffge-Krenke et al. 2001).

Uns hat natürlich beschäftigt, ob das ein Befund war, der sich nur in der Familienstudie zeigte, und so haben wir im Rahmen einer großen Schulstichprobe in Mainz jugendliche Paare gesucht, die zu einem Interview über ihre Paarbeziehung bereit waren. Die Muster der verschiedenen Partnerbeziehungen konnte man in der Tat schon früh erkennen: Wir interviewten in der Pärchenstudie junge Paare zwischen 15 und 17 Jahren. Ich fand es erstaunlich, dass immerhin 25 % der beiden jugendlichen Partner ihre Beziehung mit Merkmalen beschreiben, die als *stereotyp* oder *pseudointim* zu kennzeichnen sind (Seiffge-Krenke & Burk, 2013). Wie weiter oben dargestellt, handelt es sich um relativ emotionsarme Beziehungen, die sehr an der Oberfläche bleiben und bei denen wenig Gemeinsamkeiten vorhanden ist. Die Interviews verliefen schleppend und hinterließen bei uns kein lebendiges Bild der Beziehung. Solche stereotypen (oder pseudo-, intimen) Beziehungen können teilweise langlebig sein, weil sie verschiedene Funktionen haben. Häufig sind sie Hinweise auf eine unsicher-distanzierte Bindungsrepräsentation zu den Eltern, die sich in Bezug auf den Partner wiederholt. Der Partner darf nicht zu nahekommen, die (unbewusste) Angst vor Verlust ist groß und die distanzierte Beziehung ist letztendlich ein Schutz bei großer Verletzlichkeit.

3.9 Hemmende elterliche Einflüsse auf die Identitäts- und Partnerschaftsentwicklung der »Kinder«

Ich hatte schon angedeutet, dass sich in den letzten Jahrzehnten familiendynamische Veränderungen nachweisen lassen, die dem Kind einen besonderen Wert für das Selbst der Eltern zuweisen. Wir wollen nun etwas genauer betrachten – erneut auf der Basis der Untersuchungen an nicht-klinisch auffälligen Familien – wie Eltern die narzisstische Entwicklung der Kinder unterstützen und zu Verzögerungen in deren Identitäts- und Intimitätsentwicklung beitragen. Man darf allerdings nicht vergessen, dass Eltern selbst von Identitätsverunsicherungen und Umbrüchen in einer Weise betroffen sind (Trennung, Arbeitslosigkeit), die für frühere Elterngenerationen noch nicht galten (Seiffge-Krenke 2022). Wir konnten in unserer bereits erwähnten Längsschnittstudie an 300 Familien, die sich über 15 Jahre erstreckte, relativ gut die Eltern-Kind-Interaktion beobachten und wir konnten auch Konfliktlösungen und den Bindungsstatus mit dem Adult Attachment Interview (AAI) untersuchen.

Es gab tatsächlich substanzielle Belege dafür, dass bestimmte elterliche Erziehungsstile und Bindungsmuster zur Beeinträchtigung der Selbst- und Identitätsentwicklung der Kinder führen. Da wir Daten über einen sehr langen Zeitraum sowohl von Eltern als auch von Kindern erhoben hatten, konnten wir recht gut berechnen, welche Merkmale der Eltern-Kind-Interaktion während der Adoleszenz der Kinder deren späteres Auszugsverhalten als junge Erwachsene determinierten. Es zeigte sich, dass unsichere Bindungsmuster und vor allem eine zu lange Unterstützung durch die Eltern Kinder zu »Nesthocker«n oder

Spätausziehern macht (von Irmer & Seiffge-Krenke 2008). »Kinder«, die später zeitgerecht mit etwa 20 bis 21 Jahren ausziehen, hatten während ihrer Adoleszenz erhebliche Konflikte, die sich um Autonomie drehten, mit ihren Eltern. Zugleich reduzierten beide Eltern ihre Unterstützung drastisch ab dem Alter von 15 bis 16 Jahren dieser Kinder. Außerdem waren diese »Kinder« sicher gebunden, so dass ihnen die Exploration auch Spaß machte und wenig Angst einflößte. Diejenigen jungen Leute, die später »Nesthocker« wurden, hatten dagegen kaum Konflikte mit ihren Eltern, als sie Jugendliche waren, die Familie schien harmonisch, fast fassadär, und beide Eltern, Mutter wie Vater, unterstützen diese »Kinder« bis weit in das Erwachsenenalter hinein emotional und praktisch (»Hotel Mama«, ▶ Kap. 7). Beide Eltern reduzierten diese Unterstützung erst mit ca. 24 bis 25 Jahren der »Kinder«, als diese immer noch zuhause wohnten. Auffällig ist der sehr niedrige Partnerschaftsstatus der »Nesthocker«: Sie sind deutlich seltener verpartnert als zeitgerecht Ausziehende oder Rückkehrer ins Elternhaus (Seiffge-Krenke, 2016a). Wer kehrt übrigens zurück ins Elternhaus? Vom Bindungsstatus ließ sich das nicht so eindeutig beantworten, wohl aber waren daran belastende Ereignisse beteiligt: Die »Kinder« kehrten nach Trennungen, Schwangerschaften, beruflichen Kündigungen oder Studienabbrüchen ins Elternaus zurück, oftmals nur kurzfristig, um es dann wieder zu verlassen. In der Corona-Pandemie hatten wir gegenwärtig viele »Rückkehrer ins Kinderzimmer« – für Eltern und junge Erwachsene wahrlich keine leichte Situation.

Neben der zu lange andauernden und zu häufigen Unterstützung gab es zwei weitere Merkmale, die auffällig waren: Schwierigkeiten der Eltern, ihre Kinder gehen zu lassen (Separationsangst) und starker psychologischer Druck der Eltern auf die »Kinder«. Befunde einer belgischen Längsschnittstudie belegten Separationsängste bei beiden Eltern, Mutter wie Vater, von jugendlichen und erwachsenen Kindern. Der Mechanismus, über den Eltern dann versuchen, die zunehmende Autonomie und Exploration des Kindes zu verhindern, ist der Mechanismus psychologischer Kontrolle. Wann immer die jungen Erwachsenen im Bereich Beruf oder Partnerschaft zu explorieren beginnen, reagierten die Eltern darauf mit verstärkter psychologischer Kontrolle (Kins et al., 2011), d. h. sie machten Schuldgefühle und intrusive Bemerkungen

(»Deine Mutter weint die ganze Nacht, weil du dein Studium abgebrochen hast«). Solche manipulativen Strategien als Erziehungsprinzipien haben stark zugenommen, mit nachteiligen Auswirkungen auf die Identitätsentwicklung (Barber, 2002). Wir werden uns mit diesen Fragen nochmals ausführlich beschäftigen, wenn es um die Bedeutung der Elternarbeit geht (▶ Kap. 7).

3.10 Welche Bedeutung haben diese Befunde für uns als Kliniker?

Im theoretischen Fokus dieses Kapitels stand das Stufenmodell von Erikson mit seinen Annahmen einer sequenziellen Beziehung zwischen Identität und Intimität. Wir haben uns empirische Befunde zu einer veränderten Identitätsentwicklung angeschaut, die sich zum einen in einer zeitlichen Ausdehnung, zum anderen in einer qualitativen Veränderung (mehr Exploration, weniger Commitment) festmachen lassen. Diese Veränderungen haben Auswirkungen auf die beruflichen Perspektiven; man kann eine geringe Bindung an den Beruf bei jungen Erwachsenen unserer Jena-Mainz-Studie feststellen, und innerhalb von drei Jahren zeigte sich praktisch keine Veränderung im Identitätsstatus. Einen reifen *achieved identity Status* erreichte keiner unserer jungen Erwachsenen (Lansberg & Noack, 2021), aber es gab sehr viel Rumination und häufige Wechsel.

Vor allem aber hat die veränderte Identitätsentwicklung Auswirkungen auf die Qualität und Dauer von Partnerbeziehungen. Für zunehmend weniger junge Erwachsene ist die enge Verknüpfung von reifer Identität mit einer hohen Qualität einer Partnerschaftsbeziehung typisch, sondern kurze, sporadische Beziehungen mit geringem Commitment. Diese Verläufe gelten gleichermaßen für Männer und Frauen. Die Balance zwischen Selbst und Partner ist insbesondere bei pseudointimen und symbiotischen Beziehungen beeinträchtigt. Von Einfluss auf diese Dynamik sind auch dysfunktionale Eltern-Kind-Beziehungen wie Separationsangst und intrusives Verhalten der Eltern. Für Erikson (1959) war die Identitätsentwicklung noch zentral in der Adoleszenz zwischen den Polen Identitätssynthese und Identitätsdiffusion angesiedelt. Die Studien der letzten Jahre bildeten dagegen ein deutlich anderes Bild ab, sowohl in der zeitlichen Ausdehnung wie auch in einer qualitativen Veränderung, vor allem zeigen sie eine gewisse Universalität. Die Befunde, die ich für Deutschland geschildert habe, lassen sich in vielen anderen europäischen Ländern finden und bestätigen auch amerikanische Forschungsergebnisse. Sie zeigen aber auch, dass sich einige der Prämissen von Erikson bestätigt haben, insbesondere diejenigen, die sich auf den Zusammenhang zwischen Identität und Intimität beziehen. Dieser Zusammenhang trifft heute allerdings nur auf eine kleine Gruppe junger Menschen in Partnerschaften zu, unverbindliche und wenig bezogene Kontakte sind dagegen relativ häufig. Wir haben uns gefragt, warum das Muster der Paarbildung, das in der Adoleszenz zumindest in Ansätzen gelernt wurde, nicht im jungen Erwachsenenalter fortgesetzt wird, und ich hatte verschiedene Überlegungen dazu angestellt, was die Ursachen dafür sein könnten. Allerdings, und auch das ist hervorzuheben, finden sich nach diesem Zwischenschritt wieder einige Jahre später dann deutlich bezogene Partnerbeziehungen bei den älteren jungen Erwachsenen.

Bei allen wichtigen Entwicklungsschritten, dem Auszug aus dem Elternhaus (von Irmer & Seiffge-Krenke, 2008), der Neukonzeptualisierung der Identität (Seiffge-Krenke, 2021a) und der Entwicklung von Partnerbeziehungen (Seiffge-Krenke & Beyers, 2016), spielte die Bindung eine herausragende Rolle. Dies entspricht den Konzepten der Bindungstheorie: Von einer sicheren Basis aus kann man gut explorieren, zugleich sind haltgebende Beziehungen im Fall von Stress und Belastungen da.

Dies sind Befunde, die uns auch therapeutisch ans Nachdenken bringen: Wie gehen wir mit Patienten dieser Altersgruppe um, und welche Auswirkungen hat dies auf die therapeutische Beziehung (▶ Kap. 6)?

3.10 Welche Bedeutung haben diese Befunde für uns als Kliniker?

Zusammenfassung

Die Identitätsentwicklung hat sich zeitlich ausgedehnt und ist auch im jungen Erwachsenenalter noch nicht abgeschlossen. Sie hat sich auch qualitativ verändert, in dem in verschiedenen Lebensbereichen viel mehr exploriert und sich sehr lange nicht festgelegt wird. Dies hat auch Konsequenzen im beruflichen Bereich und in den Partnerbeziehungen. Die verschiedenen Varianten von unverbindlichen sexuellen Beziehungen und die Scheu vor engen Partnerbeziehungen ist aber nicht nur eine Konsequenz der verlängerten Identitätsentwicklung, der Optimierungswahn und zu supportive und intrusive Elternbeziehungen und das »Jonglieren« mit verschiedenen Entwicklungsaufgaben gleichzeitig bei hoher Mobilität tragen ebenfalls dazu bei, dass regelrecht eine »Flucht« vor der Intimität besteht. Die Frage, ob junge Erwachsene aus ihren diversen Kontakten etwas für zukünftige Partnerschaften lernen, ist sehr zentral.

Literatur zur vertiefenden Lektüre

Landberg, M. & Noack, P. (2021). Berufliche Identität bei jungen Erwachsenen. *Psychodynamische Psychotherapie, 4*, 334–346.
Seiffge-Krenke, I. (2021a). *Auf der Suche nach dem neuen Ich: Identitätsentwicklung im Jugendalter.* Stuttgart: Kohlhammer.
Seiffge-Krenke, I. (2021b). Sex ja – Liebe nein? Entwicklungspsychologische und therapeutische Perspektiven von Partnerbeziehungen im jungen Erwachsenenalter. *Psychodynamische Psychotherapie, 4*, 347–360.
Seiffge-Krenke, I. (2022). *Therapieziel Identität: Veränderte Beziehungen, Krankheitsbilder.* Stuttgart: Klett-Cotta.

Weiterführende Fragen

- Wie unterscheidet man das »normale« Experimentieren mit unverbindlichen sexuellen Beziehungen von bindungsbezogenen Störungen in Partnerschaften?
- Kommen stereotype, pseudointime Partnerbeziehungen bevorzugt bei Personen mit unsicheren Bindungsmustern vor?

3 Veränderte Identitätsentwicklung und ihre Auswirkungen auf Beziehungen

- Gibt es Geschlechtsunterschiede und kulturelle Unterschiede in Bezug auf das unverbindliche sexuelle Explorationsverhalten?
- Welche Gefahren für das Selbst und den Partner gehen von zu engen (»enmeshed«) Partnerbeziehungen aus?

4 Zunahme psychischer Störungen im jungen Erwachsenenalter

Die vorherigen Kapitel (▶ Kap. 2, ▶ Kap. 3) verdeutlichen, dass sich gravierende Veränderungen in der gesamten Alterskohorte vollzogen haben, wenn auch mit leichten ausbildungsabhängigen Unterschieden. Wir können also nicht mehr länger von einer pathologisch prolongierten Adoleszenz, sondern müssen von normativen Veränderungen einer ganzen Alterskohorte sprechen, die für sich keinen Krankheitswert haben. Diese These ließ sich durch die Zusammenschau von psychoanalytischen Konzepten und Studien an jungen Erwachsenen in Deutschland belegten. Es ist aber auch deutlich geworden, dass der Übergang ins Erwachsenenalter keineswegs leicht ist und die jungen Erwachsenen unter einem erheblichen Entwicklungsdruck zu stehen scheinen. Dies hat Folgen für die psychische Gesundheit (Escher & Seiffge-Krenke, 2017), die sich keineswegs nur auf eine Zunahme narzisstischer Störungen beschränken, sondern ein breites Spektrum von psychischen Störungen umfassen. Damit wollen wir uns nun genauer beschäftigen.

4.1 Junge Erwachsene haben die höchsten Prävalenzraten für psychische Störungen

Psychische Störungen sind in Deutschland bei jungen Erwachsenen weit verbreitet. Jacobi und Kollegen (Jacobi et al., 2014) schildern die Ergebnisse der Studie zur Gesundheit Erwachsener in Deutschland des Robert-Koch-Instituts. Sie zeigen, dass 30 % der jungen erwachsenen

Männer im Alter von 18–34 Jahren die Kriterien einer psychischen Störung erfüllen. Im mittleren Erwachsenenalter sind es jeweils nur 21 %. Im hohen Erwachsenenalter erfüllen nur noch 15 % die Kriterien einer psychischen Störung. Es gibt dabei einen erheblichen Geschlechtsunterschied; junge Frauen erkranken noch deutlich häufiger als junge Männer.

Ähnliche Schlüsse muss man aus dem Anstieg der Medikamentenverordnung in dieser Altersphase ziehen: Laut des Gesundheitsreports der Techniker Krankenkasse steigen die durchschnittlich verordneten Tagesdosen je Person für Medikamente, welche auf das Nervensystem zugreifen, insbesondere für Studierende im Alter von 20–34 Jahren, rapide an. Ältere Studierende (über 27 Jahre) sind im Vergleich zu altersentsprechenden Berufstätigen besonders häufig von psychischen Störungen betroffen und bekommen Medikamente verordnet (Techniker Krankenkasse, 2011). In einer Sonderauswertung des Gesundheitsreports berichtet die Technikerkrankenkasse 2015, das 21 % ihrer versicherten Studierenden psychische Störungen aufwiesen. Verglichen mit gleichaltrigen Berufstätigen/in der Lehre Befindlichen ergab sich eine fast doppelt so hohe Konsultation von Psychotherapeuten.

Die Selbstauskünfte der jungen Erwachsenen zeichnen ein ähnliches Bild, dass sich unter Corona-Bedingungen noch verschärft hat. In der repräsentativen Studie »Jugend in Deutschland«, zu der 14- bis 29-Jährige im Oktober 2021 befragt wurden, gaben 40 % an, dass die Corona-Krise ihre psychische Gesundheit verschlechtert hat, 39 % klagten über einen Kontrollverlust in ihrer Alltagsgestaltung, ihren Beziehungen und im Schul- und Berufsleben. Wiederum sind es mehr Frauen (42 %) als Männer (33 %), die eine Verschlechterung ihrer psychischen Gesundheit angaben.

4.2 Spezifische Krankheitsbilder im »emerging adulthood«

Ich möchte, aufbauend auf früheren Ausführungen (Seiffge-Krenke & Escher, 2015), nun auf spezifische Störungen wie Depression und Suizidalität, Aufmerksamkeitsdefizit-/Hyperaktivitätsstörung (ADHS), nichtsuizidales selbstverletzendes Verhalten (NSSV) sowie Persönlichkeitsstörungen eingehen. Bei vielen dieser Diagnosen spielt die noch nicht abgeschlossene bzw. problematische Identitätsentwicklung eine besondere Rolle; ganz besonders deutlich ist das bei Persönlichkeitsstörungen, wo dies auch im DSM-5 verankert ist. Hinzukommen einige Störungsbilder, die besonders bei jungen Erwachsenen häufig auftreten wie Arbeitsstörungen, Prokrastination, aber auch die Computerspielsucht, auf die ich ausführlicher eingehen möchte.

4.2.1 Depression und Suizidalität

Seit dreißig Jahren belegen Statistiken in Deutschland eine konstant erhöhte Suizidrate insbesondere der männlichen Personen von 15 bis 30 Jahren (Schnell, 2005). Suizidale Verhaltensweisen nehmen dabei im Verlauf des Jugendalters zu und sind die zweithäufigste Todesursache in der Gruppe der 15–20-Jährigen nach tödlichen Unfällen. Männliche 15–24-Jährige haben dabei eine vierfach erhöhte Suizidrate im Vergleich zu ihren Altersgenossinnen (Värnik et al., 2009).

Depressive Störungen weisen bekanntlich eine starke Zunahme von 2 % im Kindesalter auf 4 % im Jugendalter auf (Hoffmann, Petermann, Glaeske & Bachmann, 2012). Dahinter verbergen sich starke Geschlechtsunterschiede: Die Anstiege in der Prävalenz depressiver Störungen für Mädchen steigt von 2 % im Alter von 12–13 Jahren auf 5 % im Alter von 16–18 Jahren; bei stabil geringeren Werten bei gleichaltrigen Jungen. So zeigen die Ergebnisse der GEDA-Studie (»Gesundheit in Deutschland aktuell«) des Robert-Koch-Instituts den deutlichsten Geschlechtsunterschied in der Altersgruppe der 18–29-Jährigen, mit 6 % depressiven Störungen bei Frauen und 3 % bei Männern (Müters, et al.,

2013). Es kommt demnach zu einem weiteren Anstieg in der Altersstufe der 18- bis 30-Jährigen mit deutlich höheren Raten der Frauen gegenüber den Männern. Besonders stark sind die Anstiege bei weiblichen Studierenden, die noch höher sind als die der männlichen Studierenden (Hofmann et al., 2017). Die Zunahme von Verordnungen, welche auf das Nervensystem zugreifen, wurde bereits thematisiert. Dabei haben Antidepressiva bei jungen Erwachsenen den stärksten Zuwachs erlebt. Es werden mehr Antidepressiva für Studierende als für junge Erwerbspersonen verschrieben. Wenn Arzneiverordnungen als Indikator angesehen werden, so scheinen Studierende stärker belastet zu sein als ihre berufstätigen Altersgenossen. Zusätzlich weisen sie auch häufiger eine Diagnose von Depression (ICD-10 F32, F33) auf (Techniker Krankenkasse, 2011). Zusammengefasst wird deutlich, dass Studierende generell, vor allem aber weibliche Studierende, die bei weitem höchsten und ansteigenden Raten an depressiven Erkrankungen aufweisen.

4.2.2 Aufmerksamkeitsdefizit-/Hyperaktivitätsstörung (ADHS)

Verlaufsuntersuchungen deuten darauf hin, dass bei circa 60 % der Kinder mit ADHS von einer Persistenz der Störung auszugehen ist. Die Prävalenzraten bei Kindern und Jugendlichen liegen bei 4–9 %, nur 2–4 % der Erwachsenen haben eine ADHS -Diagnose (Schlack, Hölling, Kurth & Huss, 2007). Die Störung besteht also teilweise fort, ändert aber leicht ihre Symptomatik. Dadurch entsteht eine Herausforderung für die psychiatrische und psychotherapeutische Versorgung bei jungen Erwachsenen. Häufig existiert in der Kindheit eine Diagnose ADHS mit vielen Komorbiditäten. Die Diagnose ADHS führt oft nur zur Symptombehandlung mit Medikation, eine psychotherapeutische Behandlung der begleitenden Störungen unterbleibt. Fällt dann die Medikation aus, treten diese besonders in Erscheinung.

Insbesondere die Emotionsregulation ist bei erwachsenen ADHS-Patienten defizitär (Retz et al., 2014), stellt allerdings weder im ICD-11 noch im DSM-5 ein diagnostisches Merkmal dar. Eine andere entwicklungspathologische Veränderung der ADHS zeigt sich in der Abnahme der äußerlichen Überaktivität und einer Verschiebung zu einer inneren Übererregung. Das erschwert die Diagnostik der ADHS im Erwachsenenalter zusätzlich, da ein Abfall der Überaktivität als Verbesserung der Symptomatik fehlinterpretiert werden kann. Obwohl ADHS sowohl im Jugend- als auch im jungen Erwachsenenalter bereits komorbid mit anderen Störungen einhergeht, nimmt die Belastung durch komorbide Depression mit dem Übergang ins Erwachsenenalter nochmal signifikant zu (Schmidt, Petermann, Koglin & Brähler, 2012). Dennoch geben knapp die Hälfte der Patienten (40 %) an, dass die medikamentöse Behandlung mit ihrem 18. Geburtstag eingestellt wurde. Es berichten allerdings nur wenige, dass ein Gespräch über die Fortführung der Behandlung stattgefunden habe. Somit wird deutlich, dass die Betroffenen zu einem Zeitpunkt, an dem sie ohnehin vor zahlreichen Herausforderungen stehen, mit ihrer Symptomatik allein gelassen werden (Lehmkuhl & Schubert, 2013).

4.2.3 Nicht-suizidales selbstverletzendes Verhalten (NSSV)

Selbstverletzendes Verhalten beginnt selten im jungen Erwachsenenalter. Es handelt sich eher um eine Fortsetzung eines dysfunktionalen Versuchs der Emotions- und Spannungsregulierung, der bereits in der Adoleszenz, manchmal bereits in der späten Kindheit auftritt. In der Adoleszenz wie auch im jungen Erwachsenenalter können Selbstverletzungshandlungen wie Schneiden oder Verbrennen auftreten. Es ist dabei wichtig, nicht-suizidale Selbstverletzung von Suizidalität abzugrenzen. Nicht-suizidales selbstverletzendes Verhalten kann einen wichtigen Indikator für aktuelle, aber auch einen Prädiktor für zukünftige psychische Störungen (insbesondere für Depressionen) darstellen. Dabei nehmen nur 18 % der Betroffenen therapeutische Hilfe in Anspruch (Brunner & Schmahl, 2012). Dies ist insbesondere vor dem Hintergrund der hohen Komorbidität von selbstverletzenden Verhalten mit affektiven Störungen, Angststörungen, Abhängigkeitsstörungen und Persönlichkeitsstörungen problematisch. Nitkowsky und Petermann (2011) fanden, dass sich in Abhängigkeit vom Alter unterschiedliche komorbide Störungen zeigen. So weisen Jugendliche, die sich selbst verletzen, häufiger Störungen des Sozialverhaltens und eine hyperkinetische Störung auf. Selbstverletzende Erwachsene hingegen weisen häufiger eine Essstörung auf. Zusätzlich ist kritisch zu bemerken, dass der Zeitpunkt der Präventionsprogramme, welche meist im Jugendalter stattfinden, zu spät ist (Plener, Kaess, Bonenberger, Blaumer & Spröber, 2012). So müssten die Präventionsprogramme die Heranwachsenden bereits vor der Pubertät erreichen und informieren.

Klinisch bedeutsam bleibt weiterhin im jungen Erwachsenenalter, die unterschiedlichen Funktionen des selbstverletzenden Verhaltens zu verstehen. Dazu zählen neben der Bewältigung negativer Affekte, die kommunikative Bedeutung in Beziehungen (der Appellcharakter an andere, wie den Therapeuten), aber auch die Funktion des sich-Spürens bei Patienten mit Borderline-Persönlichkeitsstörungen, der Integration eines fraktionierten Selbst bzw. Körperselbst (Resch, 2017). Selbstverletzungen machen Therapeuten besonders hilflos und teilweise auch wütend, wie Resch beschreibt.

4.2.4 Sucht

Zu den Abhängigkeitserkrankungen zählen cannabisbezogene sowie alkoholbezogene Störungen. Jugendliche und junge Erwachsene sind die Hauptzielgruppe von Cannabis (Aden, Stolle & Thomasius, 2011). Die 12-Monatsprävalenzmit 18% ist in der Altersstufe 17–18-Jähriger, d. h. bei der Transition ins Erwachsenenalter, am höchsten. Wenn man verschiedene Altersgruppen im Erwachsenenalter hinsichtlich der 12-Monatsprävalenz und der Häufigkeit cannabisbezogener Störungen vergleicht, fällt der starke Rückgang der Cannabisabhängigkeit ab dem Alter von 24 Jahren auf, was auf das Ausschleichen eines jugendtypischen Stils hindeutet. Die Schwierigkeiten, die sich für die Betroffenen über die Symptome hinaus ergeben, sind allerdings gravierend. So zeigen Kipke und Kollegen (2011), dass junge Erwachsene bis zum Alter von 25 Jahren mit der Hauptdiagnose Cannabis signifikant häufiger von Arbeitslosigkeit betroffen sind als unauffällige gleichaltrige junge Erwachsene.

Neben cannabisbezogenen Störungen sind alkoholbezogene Störungen ein weit verbreitetes Problem während der Transition ins junge Erwachsenenalter. So liegt die Prävalenz von Alkoholmissbrauch in der Altersgruppe der 18–20-Jährigen bei 6 % und Alkoholabhängigkeit ebenfalls bei 6 % (Pabst et al., 2013). Der Vergleich der Konsummuster von Jugendlichen und jungen Erwachsenen in Deutschland (Orth & Töppich, 2012) zeigt einen deutlichen Rückgang im Rauschtrinken bei den jungen Erwachsenen, also eine ähnliche Entwicklung wie beim Cannabiskonsum. Dennoch ist hervorzuheben, dass Cannabiskonsum, etwa bei Studierenden, in einem beträchtlichen Umfang vorkommt, ohne dass diese dem eine besondere, gar krankheitswertige Bedeutung zuordnen würden (Hofmann et al, 2017).

4.2.5 Persönlichkeitsstörungen

Barnow et al., (2010) benennen eine Prävalenzrate von Persönlichkeitsstörungen (PS) von 11 % sowohl für ältere Jugendliche als auch für junge Erwachsene (Altersbereich 16–34 Jahre). Exakte Zahlen für die Altersgruppe der jungen Erwachsenen sind allerdings schwierig zu ermitteln, sie werden meist in einer großen Alterspanne untersucht, die das mittlere Erwachsenenalter mitumfassen. Zahlen unbehandelter Persönlichkeitsstörungen in der Allgemeinbevölkerung werden zumeist mit mindestens 6 % benannt. Dabei ist die Prävalenz von Persönlichkeitsstörungen bei Inanspruchnahmepopulationen deutlich höher. Fydrich und Schneider (2015) fanden im klinischen Setting, das 20–40 % der Patienten in ambulanten Versorgungseinrichtungen und 30–60 % in stationären Einrichtungen die Kriterien einer Persönlichkeitsstörung erfüllen.

Im DSM-5 findet man eine Gruppierung der einzelnen Persönlichkeitsstörungen in sogenannte Cluster:

- *Cluster A*: PS, die sich durch sonderbares, exzentrisches Verhalten auszeichnen (paranoid, schizoid, schizotyp),
- *Cluster B*: PS, die sich durch emotionales, dramatisches oder launisches Verhalten kennzeichnen lassen (antisozial, Borderline, histrionisch, narzisstisch),

- *Cluster C*: PS, die sich eher als ängstlich, furchtsam charakterisieren lassen (vermeidend-selbstunsicher, dependent, zwanghaft).

Im ICD-11 ist die Abschaffung der Subtypen und die Einbeziehung des Kontinuumsgedankens (Schweregradbeurteilung der PS) wichtig. Die Beurteilung soll in einem dreistufigen Prozess erfolgen. Nach Prüfung der allgemeinen Kriterien soll eine globale Schweregradeinschätzung vorgenommen werden.

In der Praxis erfolgt in der Regel die Diagnosestellung einer PS basierend auf einer klinischen Einschätzung. Ich finde die Definition der Persönlichkeitsstörungen von Fonagy & Luyten (2015) besonders hilfreich, da den ursächlichen Störungen im Bereich der Identität, der Bindung mit Mentalisierungsstörungen und emotionaler Dysregulation große diagnostische Bedeutung zukommt; sie scheint mir für die Altersgruppe der jungen Erwachsenen am zutreffendsten. Stieglitz und Freyberger (2018) weisen darauf hin, dass bei der Diagnostik einer PS stärker als bei anderen psychischen Störungen andere Datenquellen als der Patient selbst (wie Krankengeschichten, Informationen zu bisherigen Behandlungen, Angehörige, weitere Dritte und Zeugnisse) genutzt werden sollten. Falls bereits vorhanden, sollte die bisherige Krankengeschichte bei der Frage der Diagnosestellung einer PS unbedingt mit herangezogen werden. Die darin enthaltenen Informationen können zusätzliche Hinweise liefern. Auf eine Gefahr in diesem Zusammenhang wird explizit hingewiesen: Eine bereits früher gestellte PS-Diagnose unkritisch zu übernehmen. Eine weitere wichtige Informationsquelle können Angehörige (Eltern, Partner) sein. Diese kennen und erleben den Patienten in anderen Kontexten als der Therapeut. In diesem Kontext ist zu bedenken, dass die Identitätsentwicklung und die Persönlichkeitsentwicklung eng zusammenhängen (Syed & Seiffge-Krenke, 2013).

4.2.6 Computerspielabhängigkeit

Die Computerspielabhängigkeit oder »gaming disorder« (GD), wurde definiert als persistierendes oder wiederholt auftretendes, exzessives Spielverhalten mit Kontrollverlust, dem Vorrang gegenüber anderen

4.2 Spezifische Krankheitsbilder im »emerging adulthood«

Aktivitäten gegeben und das trotz negativer Auswirkungen fortgesetzt wird. Mit der Aufnahme in die diagnostischen Kataloge bekommt die Spielsucht einen offiziellen Status; sie ist mit einer Prävalenz von 1–5 % international (King et al., 2017) zu einem ernsthaften Problem geworden, für allem für junge Männer, während junge Frauen eher in den sozialen Medien (über) aktiv werden. In Deutschland zeigt eine repräsentative Studie des Kriminologischen Forschungsinstituts Niedersachsen (KFN) bei Jugendlichen eine Prävalenz von 8 % (Wölfling et al, 2008). Zahlen für die Altersgruppe der jungen Erwachsenen liegen nicht vor, die klinische Erfahrung zeigt jedoch bei einem nicht unerheblichen Anteil junger Männer in den Ambulanzen eine Mitbeteiligung von Computerspielabhängigkeit. Weil oft die Frage entsteht, ob das Spielverhalten noch im Rahmen des Normalen anzusehen ist und man die Entscheidung treffen muss als Therapeut, ob es sich um eine krankheitswertige behandlungsbedürftige Störung handelt, gehe ich im Folgenden auf die Kriterien ein, die im DSM-5 und in der ICD-11 benannt wurden.

Das DSM-5 listet mehrere Kriterien der »internet gaming disorder« (IGD), wovon mindestens fünf erfüllt sein müssen (übermäßige Beschäftigung, Entzugssymptomatik, Toleranzentwicklung, Kontrollverlust inklusive Rückfälle, anderweitiger Interessenverlust, Täuschen/Verharmlosen, Verdrängung negativer Stimmungslagen, Konflikte/Gefährdung sozialer Kontexte).

Die ICD-11-Definition definiert »ICD-11-Code 6C51 Gaming Disorder« als persistierendes oder wiederholtes Spielverhalten durch folgende drei Kriterien:

1. Kontrollverlust (Beginn, Häufigkeit, Intensität, Dauer, Beendigung und tägliche Aktivität),
2. zunehmende Priorität gegenüber anderen Interessen oder Aktivitäten,
3. Weiterspielen trotz negativer Konsequenzen.

Darüber hinaus verlangt sie eine signifikante Beeinträchtigung persönlicher, familiärer, sozialer, bildungsmäßiger, beruflicher oder anderer Aktivitäten, eine Mindestdauer von zwölf Monaten sowie den Ausschluss von Glücksspielsucht und bipolaren Erkrankungen.

Es zeigen sich ähnliche Symptome wie bei anderen Abhängigkeitserkrankungen, auch wenn sich das Craving nicht bei jeder Person manifestiert. Oftmals wird eine Analogie zur Alkoholabhängigkeit hergestellt.

Wichtig ist, dass es bei der Einstufung nicht darum geht, das Onlineoder Konsolenspielen zu verteufeln oder zu verbieten, sondern darum, klar aufzuzeigen, wo die Grenze zwischen Spaß und Sucht liegt. Als wichtigstes Unterscheidungsmerkmal zu »engagiertem« Spielen werden die negativen Konsequenzen exzessiven Spielens gesehen. Die wichtigsten Symptome sind exzessive Computerzeit, exzessive Beschäftigung mit dem Spielen, besonderer Stellenwert des Spielens, Toleranzentwicklung, Konflikte (mit anderen wegen des Spielverhaltens), Stimmungslabilität (Schuld- und depressive Gefühle), Kontrollverlust, Spieldrang (»craving«), Entzugserscheinungen und Rückfälle (King et al., 2017).

Die Computerspielabhängigkeit kann mit einer Reihe unangenehmer psychosozialer Folgeerscheinungen einhergehen: Zeitmanagementprobleme und Tag-Nacht-Umkehr; Vernachlässigung von schulischem und beruflichem Erfolg, Beeinträchtigung von Beziehungen in Familie, Partnerschaft und Freundeskreis, von psychosozialem Wohlgefühl, sozialer Kompetenz, Freizeitverhalten und Selbstwert, zunehmende Einsamkeit (Wölfling & Müller, 2009). Zu den psychiatrischen Ursachen (die der Computerspielabhängigkeit vorausgehen) und Folgeerscheinungen (als Konsequenz exzessiven Computerspielens) zählen psychische Erkrankungen wie Depression, ADHS, Störungen des Sozialverhaltens, Persönlichkeitsstörungen (Cluster B) Angsterkrankungen, Schlafstörungen und Suizidalität (King et al, 2014). Zusätzlich wurden körperliche Beschwerden, akustische Halluzinationen, Gelenkbeschwerden, Adipositas, Kopfschmerzen, trockene Augen und periphere Neuropathie beschrieben. Diese Konsequenzen werden meist hartnäckig verleugnet. Man fand komorbide Depressionen bei fast zwei Drittel der Patienten; auch eine zusätzliche Angststörung verschlechterte die Prognose. Von daher ist Computerspielabhängigkeit auch ein Problem mit dem wir uns als Psychotherapeuten beschäftigen müssen (► Kap. 5), insbesondere was die Indikationsfrage angeht.

4.2.7 Prokrastination

Arbeitsstörungen kommen in den gängigen Klassifikationssystemen nicht als eigenständige Störungsbilder vor. Dennoch sind sie sehr häufig, besonders bei jungen Erwachsenen. Fast 50 % der Studierenden in studentischen Beratungsstellen klagen über Arbeitsstörungen und Prüfungsängste (Hofmann et al, 2017). Wir wollen uns hier mit einer spezifischen Arbeitsstörung genauer beschäftigen, der Prokrastination, weil diese tatsächlich bei jungen Erwachsenen, die in die Ambulanzen und Kliniken kommen, sehr häufig ist. Das »extreme Aufschieben« ist eine pathologische Störung, die durch ein unnötiges Vertagen des Beginns oder durch Unterbrechen von Aufgaben gekennzeichnet ist, sodass ein Fertigstellen nicht oder nur unter starkem Druck zustande kommt. Es besteht oft erheblicher Leidensdruck. Die Störung wird insbesondere bei Personen beobachtet, die überwiegend selbstbestimmt arbeiten, wie z. B. bei Studierenden. Hier sind die Bedingungen zur Zielerreichung wenig konkret, die Aufgaben besonders groß oder schwierig.

In der Tat ist die Prokrastination eines der häufigsten Probleme und Beschwerden, weshalb Studierende in die studentischen Beratungsstellen kommen (Lobeck et al., 2017). Die Betroffenen leiden schon länger darunter, oftmals bereits in der Schule. Darüber gibt es einen signifikanten Geschlechtseffekt, männliche Studierende berichten häufiger von Prokrastination im Studium. Dieser Befund stimmt auch mit den Ergebnissen anderer Studien überein, die auf eine höhere Prokrastination und ungünstigere motivationale Lernmerkmale bei Studenten im Vergleich zu Studentinnen hinweisen. Die Zusammenhänge mit Prüfungsangst sind aber eher gering, sagen die Studien (Lohbeck et al, 2017, Höcker, 2013), Prüfungsangst ist also eher ein eigenständiges Phänomen.

Pathologisches Aufschieben muss unterschieden werden vom alltäglichen Trödeln, z. B. vom Aufschieben bei ungeliebten Aufgaben, das viele Menschen kennen, dem Vertagen von Aufgaben aufgrund anderer Prioritäten sowie einem erfolgreichen Arbeiten kurz vor einer Frist, wodurch es weder zu Leistungseinbußen noch zu subjektivem Leiden kommt.

Zwischen 30 und 75 % aller Studierenden neigen zum Aufschieben, Prokrastination im Sinne »extremen« Aufschiebens ist deutlich seltener.

Die Zahlen schwanken hier je nach Kriterien sehr stark (2–14 %). Höcker et al., (2013) nennen eine Auftretenshäufigkeit von durchschnittlich 10 %, z. B. nach den *Diagnosekriterien Prokrastination (DKP)* der Prokrastinationsambulanz der Universität Münster. Auch Prüfungsangst, Minder- oder Hochbegabung, kognitive Beeinträchtigungen und/oder defizitäre Lern- und Arbeitstechniken können die Leistungsfähigkeit beeinträchtigen und sollten als Erklärungen ausgeschlossen werden. Weiter sind unrealistischer Perfektionismus und Self-Handicapping (um befürchtete Misserfolge zu erklären) in Betracht zu ziehen.

Prokrastination ist im Kontext verschiedener Störungen zu sehen. So könnte auch AD(H)S die mangelnde Selbststeuerung erklären oder kann eine möglicherweise bestehende Depression die Arbeitsfähigkeit beeinträchtigen (»Berggefühl«). An der Universität Münster wurde bei Studierenden mit Prokrastination (Prävalenz etwa 14 %, davon 2 % pathologische Prokrastination) ein drastisch erhöhtes Depressionsrisiko festgestellt (Engberding et al., 2017). Es könnte auch sein, dass eine zwanghafte oder narzisstische Persönlichkeitsstörung verhindert, dass Arbeiten durchgeführt oder beendet werden. Weiter sind komorbide Suchtkrankheiten und Angststörungen in Betracht zu ziehen

Hinsichtlich des Störungsbildes ist hervorzuheben, dass Aufgaben trotz vorhandener Gelegenheiten und Fähigkeiten entweder nicht oder erst nach sehr langer Zeit und dabei oft zu spät erledigt werden. Stattdessen werden häufig Alternativtätigkeiten ausgeführt, die angenehmer sind und eine Belohnung versprechen (z. B. Urlaubsziel recherchieren). Da die Betroffenen ihre Aufgaben gar nicht/nur unter sehr großen Mühen fertigstellen und das Endergebnis oftmals wenig zufriedenstellend ist, sie aber aus dem Teufelskreis des pathologischen Aufschiebens nicht herauskommen, ist der Leidensdruck groß. Durch das Aufschieben der unangenehmen Tätigkeit kommt es vorübergehend zu einer Spannungsreduktion. Dies sorgt kurzfristig für ein besseres Gefühl, führt aber langfristig zu Leistungseinbußen, mehr Stress und Selbstabwertung, insbesondere bei Nichtbestehen von Prüfungen, schlechten Noten auf Hausarbeiten und Referate etc. Es kommt bei Betroffenen oft zu Rationalisierungen, mit denen das Verhalten dann vermeintlich erklärt wird. Nicht selten treten körperliche und psychische Beschwerden in Form von Muskelverspannungen, Schlafstörungen, Herz- und Kreislaufprobleme, Magen-

und Verdauungsprobleme, innere Unruhe, Anspannung, Druckgefühl, Angst oder Hilflosigkeit auf.

4.3 Zweites Fenster der Vulnerabilität, Diskontinuität der therapeutischen Begleitung: »Lost in Transition«?

Wir haben in vorangehenden Kapiteln (▶ Kap. 2, ▶ Kap. 3) gesehen, dass die Differenzierung zwischen normalen und gestörten Entwicklungsabläufen zunehmend schwieriger wird und damit die Einschätzung der Krankheitswertigkeit einer Störung. Zusätzlich zu diesem diagnostischen Problem konnte nun in diesem Kapitel gezeigt werden, dass wir gegenwärtig eine Zunahme von Störungen finden, die darauf hindeuten, dass die Belastungen dieser Entwicklungsphase nicht spurlos an den jungen Leuten vorbeigehen.

Mehr noch: Im Altersvergleich könnte man durchaus von einem zweiten Fenster der Vulnerabilität (»window of vulnerability«) sprechen – das erste ist die Adoleszenz, wo wir hohe Zuwachsraten in psychischen Symptomen haben (Seiffge-Krenke, 2021a). Die Adoleszenz geht bereits mit einer erhöhten Gefährdung hinsichtlich des Auftretens psychischer Erkrankungen einher. Psychische Erkrankungen, die im Jugendalter einsetzen, können die Bearbeitung von jugendtypischen Entwicklungsaufgaben erschweren. Wenn sie nicht oder unzureichend behandelt werden, schafft dies Gefährdungen für das Fortbestehen oder das Neuauftreten von Krankheitsbildern in der folgenden Entwicklungsphase, dem »emerging adulthood« (Ravens-Sieberer et al., 2008). Aus der schwierigen Abgrenzung zu normalen Entwicklungsverläufen bei hoher Belastung der Gesamtgruppe ergibt sich eine besondere Dynamik für Psychotherapeuten.

Auffällig sind zum einen besonders hohe Prävalenzraten der weiblichen Betroffenen (z. B. in Bezug auf Depression), während mehr gleichaltrige Männer computerspielabhängig sind oder ein Suchtverhalten aufweisen. Manche Störungen, wie ADHS, bestehen teilweise fort, zeigen aber einen Wandel in den diagnoserelevanten Merkmalen. Nach dem jungen Erwachsenenalter nimmt generell die Häufigkeit psychischer Störungen wieder ab, wie besonders bei einigen Krankheitsbildern (Cannabis- und Alkoholabusus, teilweise auch Persönlichkeitsstörungen) deutlich wurde.

Ein weiteres Ergebnis möchte ich noch hervorheben: Junge Erwachsene im Alter von 18 bis 29 Jahre haben nicht nur die höchste 12-Monats-Prävalenz psychischer Erkrankungen (38 %) und die niedrigste Lebensqualität bezogen auf psychische Gesundheit (Jacobi & Groß, 2014), sondern nutzen die institutionelle Hilfe deutlich seltener als andere Gruppen. In diesem Rahmen muss auch die recht hohe Behandlungsverzögerung psychischer Störungen bedacht werden. Laut Lambert und Kollegen (2013) ist bei Betroffenen mit einer durchschnittlichen Behandlungsverzögerung von sieben Jahren zu rechnen. Das würde bedeuten, dass die jungen Erwachsenen gerade am Übergang von Jugend zu jungem Erwachsenenalter besonders betroffen sind und diese Entwicklung aufgrund der Behandlungsverzögerung erst in der Mitte des zweiten Lebensjahrzehnts auffällt.

Schulze & Fegert (2020) weisen eindringlich auf die mangelnde Behandlungskontinuität insbesondere bei stationären Patienten hin: Bei ihnen besteht der Wunsch nach einer stabilen therapeutischen Beziehung, der mit dem Alter von 18 Jahren geforderte Wechsel in die Erwachsenpsychiatrie oder -psychosomatik ist für viele ein Schock, der abrupte Wechsel überfordert sie. Hinzu kommt, dass sich die Behandlungskonzepte etwa in der Kinder- und Jugendpsychiatrie (multimodales Konzept, Elternarbeit) und der Erwachsenenpsychiatrie (ausschließliche Arbeit nur mit dem Patienten) sehr unterscheiden. Diese fehlende Verbindung zwischen Kinder- und Jugendpsychiatrie und Erwachsenenpsychiatrie betrifft nicht nur Deutschland, sondern findet sich auch in anderen Ländern. Besonders deutlich wird dies nach Schulze & Fegert (2020, S.419) bei Patienten mit Essstörungen und ADHS– sie seien regelrecht »lost in transition«. Es fehlen also interdisziplinäre Versorgungseinrichtungen, die für die breite Altersspanne von 18 bis 24 oder bis 30 Jahren Hilfen anbieten. Es gibt aber bereits erste vielversprechende Angebote – allerdings noch nicht im Bereich der ambulanten

Psychotherapie (▶ Kap. 4.4). Ein solches gelungenes Konzept möchte ich nun schildern.

4.4 Modelle der psychiatrischen Versorgung in der Transitionsphase und das Problem der Altersgrenze

Neben dem Anstieg an psychischen Störungen im jungen Erwachsenenalter ist die Kooperation von Kinder- und Jugend- und Erwachsenenpsychiatrie und -psychotherapie aus einem weiteren Grund von großer Bedeutung: Viele psychische Störungen (75 %) beginnen bereits in Kindheit, Adoleszenz oder jungem Erwachsenenalter und persistieren über die Lebensspanne (Lambert et al., 2013). Dies stellt die Versorgung vor eine zusätzliche Herausforderung. Eine Remission der Symptomatik in der Adoleszenz muss nicht unbedingt eine vollständige Heilung bedeuten; im Gegenteil können psychische Störungen bis ins junge Erwachsenenalter hinein bei einem Teil der Betroffenen persistieren. Dies macht die Kooperation von Kinder-, Jugend- und Erwachsenenpsychiatrie nicht nur sinnvoll und wünschenswert, sondern auch notwendig. Ähnliche Strukturen wären für die Psychotherapie wünschenswert.

Dies ist auch deshalb sinnvoll, weil psychiatrische Erkrankungen selten zeitnah nach dem Beginn diagnostiziert werden, zahlreiche Erkrankungen zeichnen sich durch einen unspezifischen Vorlauf aus. Da psychische Störungen in der Regel über Vorstadien (Prodrome) entstehen, muss daher der Unspezifität früher Symptombildungen Rechnung getragen werden. Der Beginn einer psychischen Erkrankung ist also oftmals nicht gut erkennbar; er kann schon in der Adoleszenz liegen und erst deutlich im jungen Erwachsenenalter erkennbar sein. Gegenwärtig werden Patienten jenseits des 18. Lebensjahres, wenn sie Entwicklungsstörungen, Reifungsbeeinträchtigungen oder adoleszenztypische Probleme aufweisen, von kinder- und jugendpsychiatrischen Abteilungen in psychiatrische oder psychosomatische Einrichtungen für Erwachsene transferiert. Die institutionellen Zuständigkeitsgrenzen zwischen Kinder- und Jugendpsychiatrie und Erwachsenenpsychiatrie berücksichtigen diese übergreifenden Besonderheiten nicht, sondern sind durch das formale Kriterium des Erreichens des 18. Lebensjahrs definiert. Patienten mit psychischen Störungen unterhalb des 18. Lebensjahres werden unter anderen räumlichen, konzeptuellen und personellen Rahmenbedingungen behandelt als Patienten jenseits des 18. Lebensjahres. Das 18. Lebensjahr liegt jedoch, wie ich deutlich gemacht habe (▶ Kap. 2, ▶ Kap. 3) inmitten der Entwicklungsperiode von der Adoleszenz zum jungen Erwachsenenalter.

Durch die institutionelle Altersgrenze kommt es zu ungünstigen Diskontinuitäten in der psychiatrischen Versorgung. Nicht selten erleben Patienten die unterschiedlichen Behandlungssettings als irritierend, auch der (abrupte) Betreuerwechsel kann ein Schock sein, insbesondere wenn eine engmaschige psychotherapeutische Versorgung durch einen zuständigen Therapeuten (Bezugstherapeuten) vorlag. In der ambulanten psychotherapeutischen Versorgung für Jugendliche und junge Erwachsene ist durch den Beginn der Behandlung bis zum 21. Lebensjahr bei Kinder- und Jugendlichentherapeuten ein Stück mehr Kontinuität gegeben; auch können die Patienten jetzt selbst wählen, ob sie zu einem Erwachsenentherapeuten oder einem Kinder- und Jugendlichentherapeuten gehen wollen (▶ Kap. 1).

Wir haben bereits den vergleichsweise hohen Medikamentenkonsum der jungen Erwachsenen belegt. Unter entwicklungspsychopathologischen Gesichtspunkten erscheint es sinnvoll und notwendig, sowohl das psychotherapeutische Wissen um Störungen des Kindes- und Jugendalters, als auch die Erfahrungen mit der Psychotherapie und Pharmakotherapie des Erwachsenenalters in der Behandlung zu integrieren. Dies ist durch kooperative Behandlungsstrukturen möglich; die klinischen Kooperationsstrukturen im stationären Bereich haben erfreulicherweise gegenwärtig zugenommen, es finden sich inzwischen zahlreiche Kliniken, die besondere Stationen für junge Erwachsene zwischen 18 und 25 anbieten.

Resch und Weisbrod (2012) diskutieren verschiedene Möglichkeiten der kooperativen Versorgung in Kinder-, Jugend- und Erwachsenenpsychiatrie und stellen beispielhaft das Heidelberger Modell vor, in dem es

4.4 Modelle der psychiatrischen Versorgung in der Transitionsphase

eine gemeinsame Station mit Jugendlichen und jungen erwachsenen Patienten gibt, die wiederum von Erwachsenenpsychiatern und Kinder- und jugendlichenpsychiatern gemeinsam betreut wird. Im Heidelberger Modell nutzen Jugendliche und junge Erwachsene von 12–25 Jahren räumliche Ressourcen gemeinsam, spezifische Kompetenzen beider Fachbereiche können so für einen breiten Altersbereich zur Verfügung gestellt werden. Die unterschiedlichen Altersgruppen repräsentieren verschiedene Abschnitte von Pubertät, Adoleszenz und jungem Erwachsenenalter, wobei das Durchlaufen dieser Abschnitte individuell mit unterschiedlichem Tempo erfolgen kann, sodass mancher über 20-Jährige sich hinsichtlich seiner familiären Verstrickungen noch in frühen Stadien der Adoleszenz befindet, während mancher 17-Jährige die wichtige Ablösungsschritte bereits abgeschlossen hat. Einzelne Patienten können sich mit anderen in Bezug auf Entwicklungsaufgaben, soziale Rollen und Bewältigungskapazitäten identifizieren, ein soziales Lernen durch Rollenübernahme wird ermöglicht. Verhaltensweisen und -probleme älterer Mitpatienten können studiert, erprobt und übernommen oder vermieden werden – wie es sonst auch in Geschwisterbeziehungen der Fall ist.

Auch für die Psychotherapie wäre eine verstärkte Vernetzung von Kinder- und Jugendlichentherapeuten und Erwachsenentherapeuten sehr wünschenswert, damit es nicht zu einem »lost in transition« kommt. Durch die Ausweitung des Altersgebietes auf die Altersstufe bis 21 Jahren (▶ Kap. 1) und entsprechende Möglichkeiten der Psychotherapie im ambulanten Bereich sowohl für Kinder- und Jugendlichentherapeuten als auch für Erwachsenentherapeuten ist ein breiter Überlappungsbereich geschaffen worden, der produktiv genutzt werden könnte.

Dies setzt auch eine Aus- und Weiterbildung in Entwicklungspsychopathologie über die Lebensspanne voraus, denn der Ablösungsprozess ist ein Interaktionsprozess zwischen Eltern und »Kindern« und erfordert eine Neuordnung des Familiensystems in der »nachelterlichen Gefährtenschaft«, auf deren inzwischen sehr lange Dauer ich schon hingewiesen haben (▶ Kap. 2). Hinzu kommt die Frage, ob wegen der engen Verbindung zwischen jungen Erwachsenen und ihren Eltern nicht auch die Arbeit mit den Angehörigen neu überdacht werden muss. Bislang ist Elternarbeit gesetzlich nur bis zum Alter von 18 Jahren der »Kinder« vorgesehen und wird häufig wesentlich früher nicht in Anspruch genommen, aus einem, wie ich finde, missverstandenen Autonomiekonzept. Ich meine, dass hier auch die Eltern Unterstützung erfahren sollten (▶ Kap. 7). Erfreulicherweise ist Arbeit mit Angehörigen in der neuen Psychotherapie-Richtlinie auch für die Weiterbildung definitiv erwünscht und vorgesehen.

Insgesamt haben wir eine Zunahme in bestimmten Störungsbildern, die darauf hindeuten, dass die Belastungen dieser neuen Entwicklungsphase doch enorm sind. Insbesondere die unklare Identität, eine wesentliche Voraussetzung für psychische Gesundheit, ist hier ursächlich zu nennen, aber auch Veränderungen in den Erziehungsprinzipen wie unangemessen lange Unterstützung und/oder psychologische Kontrolle durch die Eltern. Hinzukommen Unsicherheiten in Bezug auf Beruf und Partnerschaft und eine starke auch finanzielle Abhängigkeit von den Eltern über einen langen Zeitraum. Einiges spricht dafür, nicht nur integrative Versorgungsmodelle zu entwickeln, sondern auch die Arbeit mit Angehörigen (Partner, Eltern) zu intensivieren.

> **Zusammenfassung**
>
> Die Prävalenz für psychische Störungen im jungen Erwachsenenalter ist ungewöhnlich hoch, und es besteht ein erheblicher Entwicklungsdruck, Aufgaben wie finanzielle Autonomie, Auszug aus dem Elternhaus, Etablierung von festen Partnerschaften und berufliche Sicherheit zu erreichen. In dieser Altersphase sind einige Störungen besonders typisch, die das Thema der Phase aufnehmen. Dazu zählt die Prokrastination (pathologisches Aufschieben), das oft komorbid mit Depression, Angststörungen, Essstörungen oder pathologischem Spielen ist und auch narzisstische Anteile enthalten kann. Die lange Behandlungsverzögerung junger Erwachsener ist auffällig, sie wirken zwischen Kinder- und Jugendlichentherapeuten und Erwachsenentherapeuten regelrecht »lost in transition«.

4.4 Modelle der psychiatrischen Versorgung in der Transitionsphase

Literatur zur vertiefenden Lektüre

Höcker, A., Engberding, M. & Fred Rist, F. (2013). Prokrastination – Ein Manual zur Behandlung des pathologischen Aufschiebens. Göttingen: Hogrefe.

Resch, F., Herpertz, S. & Koch, E. (2021). Das Heidelberger Frühbehandlungszentrum für junge Menschen in Krisen. Psychodynamische Psychotherapie, 4, 372–384.

Schulze, U. M. E. & Fegert, J. (2020). Doppelt herausgefordert: psychisch kranke Menschen auf dem Weg ins Erwachsenenleben. Diskurs, 4, 413–424.

Wölfling, K. & Müller, K. W. (2009). Computerspielsucht. In: D. Batthyány & A. Pritz (Hrsg.), Rausch ohne Drogen: Substanzungebundene Süchte. Wien/New York: Springer.

Weiterführende Fragen

- Wie kann man eine bessere Kooperation zwischen ambulanten Praxen für Kinder- und Jugendlichentherapeuten bzw. Erwachsenentherapeuten erreichen?
- Wie kann man die Kooperation zwischen ambulanten Praxen und spezifischen Einrichtungen wie Drogenberatungsstellen, Ambulanzen für Computerspielsucht verbessern?
- Wie kann man bei der gleichen Diagnose, z. B. Prokrastination, strukturelle Defizite unterscheiden?
- Wie steht es mit der Komorbidität in dieser Altersgruppe?

5 Wie stellen sich die Patienten dar? Probatorische Sitzungen und Indikation

Erikson hat darauf aufmerksam gemacht, dass Freud zwar »Lieben und Arbeiten« gefordert hat, die Psychoanalyse aber dann in der Folge nahezu ausschließlich das »Lieben«, also die Beziehungsebene betrachtet und konzeptualisiert hat (Conzen, 2020) und wenig dazu beigetragen hat, zu verstehen, dass auch die Arbeit libidinös besetzt bzw. deren Besetzung gestört sein kann. Wenn wir uns mit jungen Erwachsenen beschäftigen, stoßen wir allerdings zwangsläufig auf den Arbeitsbereich. Gerade bei den jungen Erwachsenen gibt es besonders viele Arbeitsstörungen, die Frage, was man beruflich machen möchte – auf keinen Fall dasselbe wie die Eltern oder gerade das, was die Eltern nicht erreicht haben – mit all den psychodynamisch wichtigen Aspekten des Neides, der Neidabwehr und der emanzipatorischen Schuld (▶ Kap. 6). Aber auch der Beziehungsbereich ist stark betroffen und die Ablösung, die Autonomie von den Eltern. Ich möchte die Beeinträchtigungen in diesen drei Entwicklungsaufgaben anhand einiger Fallvignetten verdeutlichen.

5.1 Erstgespräche: Beeinträchtigungen im Lieben, Arbeiten und in der Autonomie

Im Folgenden geht es um den ersten Kontakt, die ersten Gespräche mit Patienten im jungen Erwachsenenalter. Wie stellen sie sich dar, was beschäftigt sie, wie steht es um Leidensdruck und Behandlungsmotivation. Dazu werden Patienten geschildert, von denen ich einige (z. B. »Daniel«

in Seiffge-Krenke, 2022, S.88, »Sidonie« in Seiffge-Krenke 2021a, S.24ff) schon an anderer Stelle beschrieben habe, ergänzt durch neue Patienten, die mir in der letzten Zeit begegnet sind. Wir können uns so ein erstes Bild davon machen, was uns erwartet, wenn wir Patienten zwischen 18 und 30 Jahren sehen, wobei es sich überwiegend um Patienten mit einem recht guten bis mäßig integrierten Strukturniveau handelt, wie sie für ambulante Psychotherapiepatienten eher typisch sind.

»Ich weiß nicht wer ich bin«! (Seiffge-Krenke, 2022, S. 88)[2]

Die Mutter ruft beim Therapeuten an und berichtet besorgt über ihren 18-jährigen Sohn Daniel. Er sei ein guter Schüler, spiele begeistert im Schultheater und nehme Schlagzeugunterricht. Ansonsten lebe er vollkommen zurückgezogen, spreche nur, wenn man ihn anrede, und auch dann nur sehr wenig. Er gehe nie aus mit Freunden. Als der Therapeut ihr erklärt, wie der Sohn die Praxis findet, meint sie, sie könne ihn mit dem Auto bringen, er könne nicht Bus oder Zug fahren.

Daniel kommt wenige Wochen später in Begleitung seines Vaters; der Patient ist schlank, unauffällig dunkel gekleidet und trägt eine Schirmmütze, die er tief ins Gesicht gezogen hat. Er legt Mütze und Jacke nicht ab und spricht ein sehr gewähltes Deutsch, sein Blick ist auf den Tisch gerichtet, so dass man sein Gesicht nicht sehen kann.

Als der Therapeut nach dem Grund seines Kommens fragt, sagt Daniel: »Ich weiß nicht, wer ich bin.«

Es wird dann deutlich, dass er den Eindruck hat, er müsse für seine Eltern gute Noten haben, und dass er sich als das schwarze Schaf in der Familie erlebt, obwohl er ein Zweier-Schüler ist. Daniel berichtet dann begeistert von seinen Aktivitäten im Schultheater, wo er Hauptrollen spielt, und kein Problem hat, in eine vordefinierte Rolle zu schlüpfen, das Theater sei für ihn einfacher als das normale Leben. Es wird deutlich, dass sein Vater, ein Physiker, auch ein sehr zurückgezogener Mensch ist, mit dem der Patient nicht reden kann und von dem er sich abgelehnt fühlt wegen seiner andersartigen Interessen (Theater).

---

[2] Mit freundlicher Genehmigung des Klett-Cotta Verlages.

Bereits im Erstgespräch hat der Therapeut das Gefühl, die Vaterfigur, die sich im Gegensatz zum leiblichen Vater für die Schauspielerei und die Vorlieben des Patienten interessiert, zu sein. Aber in der Gegenübertragung stören ihn auch die Mütze und die durch die Haltung hergestellte Distanz. Der Therapeut muss sich verkneifen Daniel zu bitten, die Mütze abzulegen. Dem Therapeuten spürt den Druck des Vaters, dass sein Sohn sein naturwissenschaftliches Interesse und Talent zeigen möge. Daniel ist der einzige Sohn, den das Ehepaar nach drei Töchtern bekommen hat, es liegt ein großer zeitlicher Abstand von neun Jahren zwischen ihm und der jüngsten Schwester.

Der Vater ist schon relativ alt, 59 Jahre. In diesen Erstgesprächen beklagt die Mutter, dass es oft Streitereien gibt und dass ihr Mann ihr nicht zuhöre. Daniel sei allerdings bereits gegen Ende der Grundschulzeit auffällig geworden und hätte sich sozial isoliert. Im Gymnasium blieb er dann einfach allein und hätte sich damit abgefunden. Die Anstrengungen der Mutter, ihn mit Spielen und kleinen Unternehmungen »aus seinem Loch zu holen«, hätten aber nicht gereicht. Er wirke leider auf andere sehr sonderbar und könne nur beim Theater oder beim Schlagzeugunterricht aus dieser Stimmung herausfinden. Die Mutter sieht mehr als der Vater seine Begabung, hält ihn aber für lebensuntüchtig und seltsam.

Wie die Mutter oder wie die Freundin?

Die 25-jährige Clara kommt zum Erstgespräch, recht schüchtern und ängstlich, und behält den Mantel auf dem Schoß liegend (wie ein Schutz fällt der Therapeutin ein) – das bleibt auch so während der sechs Stunden umfassenden Erstgespräche. Sie weiß nicht wer sie ist und so wie sie ist, möchte sie nicht sein, sagt die Patientin. Ihr sei unklar wer sie sei, wie sie sich fühle. Die Patientin, eine rundliche, sehr weibliche Frau mit einem gewinnenden Wesen, hatte ursprünglich eine Ausbildung als Erzieherin gemacht und in diesem Beruf auch gearbeitet. Clara studiert jetzt, soziale Arbeit und Germanistik, also zwei Studiengänge. »Da haben Sie sich aber viel vorgenommen«, meint die Therapeutin.

5.1 Erstgespräche: Lieben, Arbeiten und Autonomie

Alle Männer in der Familie seien in der EDV, alle Frauen, auch die Mutter und Großmutter, seien Erzieherinnen. Ihren leiblichen Vater kennt Clara kaum, der habe die Familie kurz nach Geburt des jüngeren Bruders (-2) verlassen. Die Sehnsucht nach dem Vater begleite sie bis heute. Clara weiß nicht, wo er wohnt, nur dass er seit langem eine neue Familie und Kinder hat. Sie sei gekränkt, dass er sich nicht für sie interessiert habe. Die Mutter zog kurz nach der Trennung mit dem Lebensgefährten zusammen, der dann ihr Vater wurde. »Ich bin hier, um meine Mutter zu entlasten« erklärt sie in der ersten Stunde, wo es um den Anlass des Kommens geht.

Ihre Mutter war gegen das neue Studium, die Tochter sei zu alt, und konkurriert sehr mit der Tochter. Diese ist sauer auf die Mutter und beschreibt sie als lieblos: »Stell dich nicht so an«, wäre ein Satz, den sie oft gehört hätte in ihrer Kindheit, auch in Bezug auf ihr Asthma: »Das ist nicht so schlimm, die jammert bloß«, hätte die Mutter dann gegenüber den Ärzten gesagt. Bei ihr sei die Lebendigkeit und Fröhlichkeit über die Jahre verloren gegangen, schildert die Patientin. Mit zwei bis drei Jahren habe sie noch gelächelt auf den Kinderbildern, auch noch mit fünf, danach gäbe es nur noch ein sehr ernstes Kindergesicht. Die Mutter – das hat die Patientin angeblich erst jetzt erfahren – hat keine Berufsausbildung und arbeitet als ungelernte Kraft. Zum biografischen Hintergrund der Mutter lässt sich in Erfahrung bringen, dass diese mit 19 Jahren schwanger mit der Patientin wurde. In der Supervision kommt die Frage auf, ob dies eventuell der Grund für den Abbruch der Ausbildung war. Der Stiefvater sei kontrollierend und streng. Die Therapeutin empfindet Mitgefühl für die schüchterne, unsichere Patientin.

Clara schildert weiter, sie sei dann von zuhause ausgezogen und habe eine lesbische Beziehung zu einer Frau begonnen, diese sei sehr aggressiv gewesen und habe ihr einmal in einer tätlichen Auseinandersetzung den Arm gebrochen. Nach der Trennung von dieser Partnerin sei sie mit ihrer jetzigen Partnerin, einer Lehrerin, zusammengezogen, deren Eltern seien auch viel freundlicher und achtsamer als ihre eigenen Eltern. Clara will mit der neuen Freundin in ein eigenes Haus ziehen, der jüngere Bruder darf da auch ein Zimmer haben.

Auszug oder nicht? Die Fahrt in die Heimat

Es handelt sich um ein Erstgespräch mit der 23-jährigen Anna, die als depressiv angekündigt wurde. Die Therapeutin vermutet im Vorfeld, das das Erstgespräch sehr schleppend vonstattengehen wird. Die Patientin kommt zu früh und redet ohne Punkt und Komma, fast eine halbe Stunde lang, ohne dass die Therapeutin eingreifen kann. Anna ist sportlich gekleidet; sie studiert Mathematik. Sie hätte starke Rückzugstendenzen, das würde im Winter zunehmen. Jetzt würde sie seit zwei Wochen gar nicht vor die Tür gehen (»es ist ja Corona«) und hätte die Reste im Kühlschrank gegessen. Angerührt durch das Essverhalten berichtet die Therapeutin das Gefühl: »Ich muss mich um die kümmern«.

Die Patientin fährt alle zwei Wochen in die »Heimat«, wie sie sagt, da wird sie dann richtig verwöhnt. Ihre Mutter koche so gut, deshalb habe sie selbst auch die Lust am Kochen verloren. Anna kann sich nicht aufraffen zu lernen, aber ihr Anspruch ist dennoch, gut zu sein. Die Zwischenprüfung nach fünf Semestern hat sie bestanden, mit ambivalenten Gefühlen: Jetzt kann man mich nicht mehr rausschmeißen, aber auch: Jetzt habe ich gar keinen Ansporn mehr, mich anzustrengen. Ihr Nachhilfelehrer meint, sie sei talentiert, das sagt ihre Mutter auch: »Du bist talentiert, du kannst doch so viel und du machst nicht mehr draus«.

Anna hat zwei Geschwister, einen Bruder (+4) und eine Schwester (+6), zu denen ein sehr enges Verhältnis besteht. Die Geschwister wohnen noch in der »Heimat« bzw. sind wieder dahin zurückgezogen. Sie, das Nesthäkchen, ist als einzige ausgezogen. Sie wusste nicht was sie studieren sollte, und ihre Mutter hat sehr gedrängt, weil sie Angst hatte, dass Anna wie ihr Bruder »rumgammeln« würde. Daher war die Mutter sehr hinterher, dass sie das Studium beginne. Wir reflektieren an diesem Punkt der Schilderung die Gegenübertragung der Therapeutin: »Ich muss mich kümmern« – ist das die Aufgabe einer psychodynamischen Psychotherapie? In jedem Fall hat die Therapeutin die Übertragung der Patientin als konkordante Gegenübertragung angenommen, sich also »verwenden lassen«, wie es Jürgen Körner (2018, S. 29) nennt.

»Ich weiß gar nicht wie es ist, erwachsen zu sein«. Dieser Satz von Anna ist der Therapeutin hängengeblieben; sie schildert sie als nette, gute Patientin. Als es um den nächstfolgenden Termin der Erstgespräche geht, sagt die Patientin: »Ist es in Ordnung, wenn wir den erst in zwei Wochen machen, weil ich noch in die Heimat fahren möchte?« Dies führt zu einer Nachfrage meinerseits, weil das sehr weit weg klingt – ich denke an Ostpreußen – aber es stellt sich dann heraus, die Eltern der Patientin wohnen 40 km von ihrem Studienort entfernt.

Ein größeres Bett?

Sidonie (▶ Kap. 7) ist eine tüchtige 22-jährige Medizinstudentin, deren Studium von den Eltern misstrauisch beäugt und abgewertet wird. Es wird erwartet, dass sie durchs Examen fällt, so wie der Vater, der keinen Abschluss gemacht hat. Inzwischen hat die Patientin massive Probleme bekommen, im Studium mitzuhalten. Sie hat Arbeitsprobleme, schiebt die anstehenden Prüfungsvorbereitungen auf, kann sich zum Lernen nicht aufraffen und kommt nun wirklich mit der Angst und Sorge in das Erstgespräch, sie könne ihr Studium nicht schaffen und müsse, wie der Vater, aufgeben.

Alle Autonomieversuche der Tochter werden von der Familie regelrecht torpediert, so soll die Tochter die Wochenenden in dem verschlafenen, 20 km entfernten Dörfchen mit den Eltern verbringen. Als Sidonie über die Anschaffung eines neuen Bettes spricht, gibt es eine große Diskussion in der Familie, das sei doch wirklich nicht nötig. Die Tochter brauche kein breites Bett, sie soll weiterhin in einem 90 cm Jungmädchenbett schlafen. Neben den regelmäßigen Besuchen wird von den Eltern ein wöchentlicher Rapport erwartet. Die Patientin ist sichtlich genervt und erwartet sich diesbezüglich Unterstützung von der Therapeutin, um sich aus der drängend engen und kontrollierenden Beziehung beider Eltern, besonders aber des Vaters zu befreien. Nach ihren Liebesbeziehungen befragt, wird die Patientin sehr zögerlich; sie hält die Männer offenkundig auf Distanz. Sie möchte keine (Paar-)Beziehung. Sie hält es so, dass sie, wenn ihr danach ist, einen ihrer Bekannten oder Freunde anruft. Der komme dann vorbei und sie hätten Sex. Mehr könnte sie im Moment nicht ertragen.

»Heirate deinen Jugendfreund!«

Die 29-jährige Doktorandin Dorothea (▶ Kap. 7) leidet ebenfalls unter den (zu) engen Beziehungen ihrer Eltern zu ihr. Sie kommt wegen einer Angststörung und schildert, sie sei stark in die Familie eingebunden. Dorothea hat dies bislang nicht als problematisch erlebt, auch nicht, dass sie seit ihrem 16. Lebensjahr soziale Kontakte mit Freunden und Bekannten vermeide, seither nähmen ihre Einschränkung kontinuierlich zu und das mache ihr nun Sorgen. Sie fühle sich mittlerweile nicht einmal mehr in der vertrauten Wohnung von engen Freunden wohl und befürchte, sich zunehmend sozial zu isolieren. Kürzlich habe sie ihre Teilnahme an einer internationalen Konferenz wegen diffuser Ängste wenige Tage vorher abgesagt. Es sei plötzlich unvorstellbar für sie gewesen, den Zug zu besteigen. Dabei liebe sie ihre wissenschaftliche Arbeit, liefere Gefordertes rasch ab und habe auch keine Schwierigkeiten, dafür mal ein Wochenende durchzuarbeiten.

Die Patientin ist als Einzelkind relativ alter Eltern behütet aufgewachsen. Die Eltern hätten einen Familienbetrieb geführt. Beim Tod des Großvaters habe der Vater als Erstgeborener den Betrieb übernommen, seine Beziehung zur Geliebten aufgegeben und zum Wohle des Betriebes stattdessen eine handwerklich begabte, zupackende Frau geheiratet. Die Patientin fühle sich nirgendwo so geborgen wie im Elternhaus und verbringe dort regelmäßig Urlaub. Besonders zum Vater habe immer eine große Nähe und Vertrautheit bestanden. Doch frage sie sich, ob sie mit 29 Jahren nicht unabhängiger von seiner Meinung sein müsste und empfinde manchmal beinahe schon Hass ihm gegenüber. Der Vater sei im Großen und Ganzen stolz auf sie, lasse jedoch immer wieder durchblicken, sie sei eigentlich »nicht der Typ für die Wissenschaft«. Auch wünsche er sich, dass sie an ihren Heimatort zurückkehre und endlich einen Jugendfreund heirate, welchen er für »den Richtigen« halte.

5.1 Erstgespräche: Lieben, Arbeiten und Autonomie

Es habe jedoch nie eine Liebesbeziehung zu dem jungen Mann bestanden. Überhaupt habe die Patientin noch nie in einer Partnerschaft gelebt. Ihre Ansprüche an einen Partner erfülle kaum einer der Männer, der sich für sie interessiere. Jungfrau sei sie nicht mehr, aber Sexualität und körperliches Begehren seien ihr unwichtig. Auf eine kontinuierliche, nahe, sexuelle Beziehung könne sie sich nicht einlassen. An dem Erstgespräch auffällig ist, dass die Patientin irritiert auf präzises Explorieren der Therapeutin reagiert, offenbar einerseits aus Scham, andererseits aus dem Bedürfnis, Nähe zu vermeiden. Sie weist schon in der ersten Stunde der Probatorik darauf hin, dass sie in wenigen Monaten ein halbes Jahr ins Ausland gehen möchte. Die Therapeutin bleibt etwas verblüfft zurück.

Wer ist der Patient?

Die 24-jährige Patientin Figen wirkt zunächst am Telefon sehr offen; sie will so schnell wie möglich einen Termin. Sie kommt dann zehn Minuten zu spät und die Therapeutin stellt irritiert fest, dass Figen wie eine 16- oder 17-Jährige wirkt. Sie ist klein, stark geschminkt, auffällig parfümiert und wirkt sehr modisch. Sie kommt angeblich wegen Depression, die Therapeutin findet, Figen hat aber so gar nichts Depressives an sich. Das Durchführen des eingespielten, strukturierten Interviews, wie es die Therapeutin aus der Psychiatrie kennt, ist nicht möglich. Stattdessen redet Figen – das gesamte Gespräch bestimmend – schnell und mit viel Jugendlichenjargon. Die Therapeutin versuchte zunächst noch, das Gespräch zu strukturieren, fühlt sich dann aber überfahren und gibt nach fünfzehn Minuten auf.

Figen berichtet, sie wurde mit neun Monaten im Iran ausgesetzt und dann von einer iranischen Stewardess und einem iranischen Arzt adoptiert, sie blieb Einzelkind. Schon als Kind wäre sie depressiv gewesen, ihr ADHS wurde mit Ritalin behandelt als sie zehn Jahre alt war.

Figen kommt sehr schnell auf ihren Freund zu sprechen: 26 Jahre, drogensüchtig, Cannabis, Alkohol, er verliere alle Jobs, habe bislang keine Ausbildung. Ihr Freund sei mit häuslicher Gewalt aufgewachsen, sie habe das Bedürfnis dem Freund zu helfen. Wir beginnen uns in der Supervision zu fragen: »Wer ist eigentlich der Patient?« Im Moment drehe sich alles um die Beschaffung von Cannabis, sie rauche ab und zu mit ihm. Auf Nachfrage der Therapeutin gibt sie an, sie könne sich nicht von ihm trennen. Sie berichtet von ihren Fantasien, dass ihr Freund die Drogen mehr liebe als sie. Müsste er wählen, wenn er vor dem Sturz in den Abgrund retten würde – sie denke, er würde den Sack voll 50 kg Cannabis wählen.

Die Patientin scheint sehr ambivalent, reagiert genervt und mit Augenrollen auf Nachfragen der Therapeutin zu Details aus der Familie. Die Eltern seien sehr unterstützend. Sie wohnt in einer eigenen Wohnung mit ihrem Freund im Haus der Mutter. Die Mutter kocht und wäscht für alle und weckt den Freund auf, damit er sich um einen Job kümmert. Die Patientin hat bis vor sechs Monaten Pädagogik studiert (In der Supervision fragen wir uns: Wirklich? Hat sie Scheine gemacht? Bitte nachfragen!). Als Beweggrund gibt sie an »ich wollte die Welt verbessern«. Sie arbeitet jetzt im Einzelhandel, das möchte sie gerne als Ausbildung machen, Verkaufen gefalle ihr.

Figen schildert sich als altruistisch und hilfsbereit, aber auch als misstrauisch, sie vertraut niemandem. Es hat nie eine offene Kommunikation mit den Eltern gegeben. Bei der Frage nach dem Setting – die Patientin hat Schichtdienst – sagt sie »Dann komme ich, und wenn meine Chefin das nicht erlaubt, dann mache ich das trotzdem«. Das gesamte Interview ist merkwürdig und teilweise sehr widersprüchlich. Die Therapeutin fühlt sich irgendwie wie ein Mittel zum Zweck, benutzt, und es ist ja tatsächlich die Frage, wer ist der Patient, will die Patientin letztlich eine Behandlung für ihren Freund? Schließlich sagt sie am Ende geradeheraus: »Könnte mein Freund auch hier anfangen?«

Wieviel Unterstützung ist angemessen?

Der 33-jährige Patient Fred kommt in die Sprechstunde. Seit Studienbeginn sei er sehr nervös, zöge sich immer mehr zurück, sei sehr isoliert. Der Patient schwitzt stark, auch zu Beginn der Stunde und schildert eindringlich seine soziale Phobie. Fred studiert nach dem

Abbruch verschiedener Ausbildungen und einem anderen Studium nun Physik und kommt da gar nicht zurecht. Er traue sich nicht Fragen zu stellen, habe Angst, er könne etwas nicht. Er brauche unbedingt Hilfe. Er wolle jetzt ein Urlaubssemester machen, das habe dann seine Mutter für ihn beantragt, sich erkundigt. Er sei dazu nicht in der Lage gewesen. Fred schildert, dass er früher aktiver war, z. B. im Fußballklub, wo er jetzt lange nicht war. Auf Fragen der Therapeutin wie es zu dem späten Studium komme und was er davor gemacht habe berichtet der Patient, dass er mit 17 viel gekifft habe, eine Ausbildung als Elektriker begonnen, aber kaum darin gearbeitet habe. 2009 sei ein »Burnout« diagnostiziert worden, es wären verschiedene fehlgeschlagene Versuche gefolgt, beruflich etwas Neues anzufangen. Die Therapeutin strukturiert viel und muss viel nachfragen, um sich eine Vorstellung vom Leben des Patienten bis zu Beginn seines Physikstudiums machen zu können.

Zur Biografie ist zu erfahren, dass seine Mutter bei seiner Geburt 23 Jahre alt war (bei dem älteren Bruder 21). Der Vater wäre gewalttätig gewesen. Kurz nach der Geburt des Patienten hatte der Vater wegen einer schweren Erkrankung einen Krankenhausaufenthalt. »Wenn er das überlebt, heirate ich ihn« – so die Mutter, und das habe sie dann auch getan. Der Vater lebte damals wie ein »Junggeselle«, sei viel in Kneipen gegangen, hätte gespielt, keine Verantwortung für die Familie übernommen. Dann »hat er uns rausgeschmissen«, wie der Patient es nennt, und bezieht sich auf die Trennung seiner Eltern. Seit seinem sechsten Lebensjahr ist der Patient ein Scheidungskind. Die Mutter hätte viel gearbeitet, zwei Jobs, wäre oft weg gewesen. Ihm habe dann die Kontrolle gefehlt und er habe viel gekifft. Fred hatte zunächst ein sehr enges Verhältnis mit seinem Stiefbruder, dann hätten aber viele aggressive Auseinandersetzungen stattgefunden. Fred hat zwei Anklagen und Verurteilungen wegen Körperverletzungen. Im Interview gibt er sich »handzahm«, wie die Therapeutin schildert, und geht täglich mit der Mutter spazieren.

Vernachlässigung und Ausbeutung

Die 26-jährige Kindergärtnerin Emilie ist ledig und sichtlich geängstigt durch die Tatsache, dass ihr Freund plant, ins Ausland zu gehen. Im Erstgespräch berichtete sie, dass sie eigentlich schon vor Jahren mit einer Therapie hätte anfangen müssen. Sie sei traurig, antriebslos und erschöpft, habe Phasen, in denen nichts mehr ginge. Schwierigkeiten, Konflikte und Druck bei ihrer Arbeit belasten sie sehr, sie sei im Stress und esse nichts. Sie mache sich Sorgen, weil sie mit 17 Jahren eine Essstörung entwickelt habe und in der KJ-Psychiatrie behandelt worden sei. Bis heute sei »das Problem nicht gelöst«, da sie sich gedanklich »viel mit dem Essen beschäftige«. In den letzten Monaten habe sie sich auch zurückgezogen, sei besorgt, weil ihr Freund, mit dem sie seit drei Jahren zusammen ist, für ein Semester ins Ausland gehe und sie bekomme Einsamkeitsgefühle und Trennungsängste. Sie sei in chaotischen und emotionsarmen familiären Verhältnissen aufgewachsen und musste sich immer um ihre sieben Geschwister kümmern, manche seien auch psychisch krank. Emilie fühlt sich für vieles verantwortlich, kann ihre Bedürfnisse nicht äußern. In der letzten Zeit könne sie ihren Alltag nicht bewältigen, liege nachts wach im Bett, verloren in Gedankenkreisen und sehe keinen Ausweg.

Ihre Eltern ließen sich scheiden als sie zwei Jahre alt war. Insgesamt gibt es acht Kinder aus verschiedenen Ehen. Emilie wuchs mit ihrer Mutter und deren Partnern auf. Sie erlebte ihre Mutter als emotionsarm (»wie eine Autistin«), der Vater sei alkoholabhängig und wie ein Kumpel – Halt habe sie keinen bekommen. Die ersten Jahre lebten sie in einem zerfallenen Haus, erst später in einer Sozialwohnung. Die Beziehung zur Mutter wird von Emilie auch in den frühen Jahren bereits als schwierig beschrieben: »Ich wurde von ihr kaum gesehen«. Verantwortung für die Geschwister habe sie bereits mit neun Jahren übernehmen müssen und wäre ganz alleine auf sich gestellt gewesen.

In der Schule sei sie nicht die Beliebteste gewesen, kam meistens zu spät, ohne Essen und oft auch verschmutzt. Sie wurde von Mitschülern gemobbt, hatte Ärger mit der Lehrerin, fühlte sich ausgeschlossen und blieb absichtlich sitzen, um in eine neue Klasse zu kommen. Emilie empfindet, dass sie schon immer ein seltsames Essverhalten hatte. Im Alter von 14 Jahren hätten ihre depressiven Phasen begonnen und sie sei magersüchtig geworden. »Ich wollte meiner Mutter zeigen, dass ich verzweifelt war und Hilfe brauche«. Die Mutter habe nicht reagiert, aber ein Lehrer sei aufmerksam geworden und hätte sich um sie gekümmert. Somit konnte die anorektische Erkrankung als damaliger Versuch verstanden werden, emotionale Zuwendung der Eltern zu bekommen, bei gleichzeitig aggressiven Gefühlen ihnen gegenüber.

Im Gespräch wirkt die Patientin freundlich, jedoch im Kontakt distanziert. Emilie macht einen intelligenten und ehrgeizigen Eindruck. Sie wirkt recht kontrollierend und scheint bemüht zu sein, eine Fassade aufrechtzuerhalten, was angesichts ihrer chaotischen Kindheitserfahrungen verständlich erscheint.

Erwachsenwerden im Kontext anderer kultureller Werte

Die 18-jährige Duyglu erscheint zum Gespräch in Begleitung ihrer Mutter. Sie besucht die 12. Klasse eines Gymnasiums und möchte im Anschluss eine Ausbildung zur Polizistin absolvieren, was ihr Vater strikt ablehnt. Sie ist das älteste von drei Kindern, die Familie stammt aus der Türkei und ist muslimischen Glaubens. Duyglu schildert, dass sie unter massiven Ein- und Durchschlafstörungen leide, keinen Hunger habe (Gewichtsabnahme von 4 kg), keinen Sinn mehr im Leben sehe und sich keine Hoffnung auf Besserung mache. Sie muss oft weinen, fühlt sich erschöpft und müde. Sie hat hohe Leistungsanforderungen an sich selbst und Angst, ihre Eltern zu enttäuschen, falls sie den Erwartungen an eine baldige Heirat nicht gerecht wird.

Die Patientin wächst im Elternhaus auf, in dem es ständig Konflikte und Eheprobleme aufgrund der interkulturellen Unterschiede nicht nur zwischen den Eheleuten, sondern auch mit den anderen Familienmitgliedern gibt. Beide Elternteile versuchen den Kindern jeweils ihre »eigene« Kultur nahezubringen, was zu erheblichen Loyalitätskonflikten und Entwertungen innerhalb der Familie führt. Ferner ist die Beziehung der Eltern zu ihren eigenen Primärfamilien äußerst ambivalent.

Duyglus frühkindliche Beziehungserfahrung ist zum einen geprägt von massiven Impulsdurchbrüchen des Vaters, der in alkoholisiertem Zustand nicht nur der Mutter, sondern auch den Kindern gegenüber handgreiflich wurde. Die Mutter ist stark traditionell-patriarchalisch eingestellt, fühlt sich selbst ausgeliefert und hilflos und hat in ihrer Jugend und nach Duyglus Geburt zwei Suizidversuche unternommen.

In der Gegenübertragung fühlt sich die Therapeutin stark vereinnahmt, reagiert mit Ermüdung und hat das Gefühl, gebraucht zu werden. Prognostisch günstig ist, dass Patientin von sich aus den Wunsch nach Psychotherapie und Veränderung äußert und einen deutlichen Leidensdruck verspürt. Ihre Motivation scheint hoch. Sie nutzt die Stunden regelmäßig mit einem hohen Redebedarf. Die Mutter ist wenig einsichtsfähig und begleitet die Patientin jedes Mal zur Therapie.

Gleich zu Beginn des ersten Termins überschüttet Duyglu die Therapeutin mit Informationen. Sie redet ununterbrochen und wirkt hoffnungslos. Ihr Vater stelle hohe Erwartungen an sie, übe Druck aus, sie möchte ihn nicht enttäuschen. Sie habe ein gutes Verhältnis zu ihren Eltern. Es gäbe aber familiär ständig Stress mit Verwandten. Diese seien ständig bei ihnen zuhause und mischen sich in alles ein. Die Therapeutin empfindet die Sitzung als anstrengend und hat Mühe Duyglu zu folgen, weil die Patientin von einem Thema zum anderen springt: Gewalterfahrungen in der Familie, Mobbingerfahrungen in der Schule, die intrusiven Verwandten. Duyglu wird weinerlich, wenn sie von ihrem Vater spricht. Ihre Eltern würden sich viel streiten. Die häusliche Situation belaste sie sehr. Zudem habe sie, je älter sie werde, immer mehr Angst vor einer Zwangsverheiratung durch den Vater.

Wie entwickelt man eine produktive Männlichkeit?

Dies ist das erste Gespräch aus der Therapie mit dem Strafgefangenen Albert, 26 Jahre, im Vollzug, geplant ist die Therapie 1x wöchentlich. Albert beschreibt Suchtverhalten, depressive Gefühle, einen Selbstwertkonflikt, somatische Beschwerden sowie einen übertriebenen Perfektionismus. Er kann sich erinnern, dass er schon im Alter zwischen acht und 20 Jahren häufig depressive Gefühle »wegen der Familie« gehabt habe. Schon als acht- und neunjähriges Kind wurde er wegen ADHS medikamentös behandelt. Albert beschreibt sich als jemanden, dessen Vertrauen oft ausgenutzt worden sei, der sich vor den anderen aufspiele, sich vor dem Ausbilder aber klein mache und viele Fehler begehe.

Bis zum Alter von acht Jahren hatte er bei der Mutter gelebt, mit ihr in einem Bett geschlafen. Die Eltern waren bis zu seinem fünften oder sechsten Lebensjahr zusammen. Der Vater wäre sehr gewalttätig gegenüber der Mutter gewesen. Diese hatte danach mehrere Partner, die allesamt ebenfalls gewalttätig sowie häufig alkoholisiert gewesen wären. Er habe im Bett mit der Mutter geschlafen, viel mit ihr gekuschelt, sei quasi Partnerersatz gewesen. Zu seinem »Erzeuger« – wie er seinen Vater nennt –, hat er keinen Kontakt mehr, was er mit den Worten« Egal, ich brauch keinen Vater« abtut. Mit neun Jahren kam er dann zu seiner Oma (Mutter seines Vaters), diese sei sehr dominant gewesen; er hätte aber eine gute Beziehung zu seinem Opa gehabt, der jedoch bald an Krebs gestorben sei. Albert hat oft die Schule geschwänzt, Drogen (Hasch, Amphetamine, THC) genommen sowie verkauft. Durch letzteres konnte er sich eine finanzielle Basis aufbauen, es habe ihm viel Anerkennung gebracht, es sei ihm gut gegangen.

Albert hat bereits eine Therapie gemacht und dann einen Therapeutenwechsel wegen der Verlegung in ein anderes Gefängnis durchgemacht. Deshalb ist er jetzt heute da, er wollte gerne herausfinden, was mit ihm ist, wer er ist. Aggression spielt in seiner Biografie eine große Rolle. Er berichtet, der Vater hätte die Mutter alkoholisiert geschlagen, auch in den schwangeren Bauch getreten. Er selbst hätte die Mutter auch geschlagen – der Grund für seinen Umzug zur Oma. Wegen der Dealerei bekam er eine zweijährige Jugendstrafe, er ist dann im Gefängnis gelandet und dort hat er (mit 24 Jahren) eine Ausbildung begonnen. Der Patient berichtet viel Wut auf die Oma und scheint die Mutter zu idealisieren. Weshalb er seine Mutter schlug, könne er nicht erklären. Vielleicht war das Objekt zu bedrängend nah, überlegen wir in der Supervision, und ob es eine Verschiebung der Aggression von der Mutter auf die Oma sei.

Der Patient wirkt depressiv, aber auch narzisstisch. Er hat viele Gewaltfantasien, will anderen etwas beweisen. Auffällig ist das Äußere des Patienten: Albert ist relativ klein, 1,61m, die Haare sind mit Haargel gestylt, er legt sehr viel Wert auf das Äußere und hat einen breiten Gang. Es scheint er ist auf der Suche nach Männlichkeit – aber ohne toxische Männlichkeit. Gibt es solche Männerbilder? Wie kann man Aggression produktiv umsetzen?

Leistungsprobleme und Männlichkeit

Der 24-jährige Medizinstudent Abdullah kam zehn Minuten zu früh in die Sprechstunde und war sichtlich aufgeregt. Es schien, als käme er direkt vor oder nach dem Fitnesstraining, in kurzer Hose, engem T-Shirt und Baseball-Kappe auf dem Kopf. Der Therapeut war irritiert durch sein Auftreten und hatte den Gedanken »Der soll eine soziale Phobie haben«? Abdullah berichtete, dass er schon seit Jahren Furcht vor der prüfenden Betrachtung durch andere Menschen in verhältnismäßig kleinen Gruppen oder in Einzelkontakten habe. Er erlebe in Prüfungssituationen extreme Ängste und bereite sich deswegen akribisch darauf vor. Auch nicht leistungsbezogene soziale Situationen erlebe er häufig als konflikthaft und angstbesetzt. Seine Furcht vor Kritik sei groß, diese beschäftige ihn noch Tage danach. Vor allem wenn eine Person sich ihm gegenüber abweisend verhalte, habe er das Gefühl defizitär zu sein, sei überfordert und könne dem Gespräch schwer folgen

Der Patient ist im Alter von drei Jahren mit seinen Eltern und seinen jüngeren Bruder nach Deutschland gekommen und im Ruhrgebiet aufgewachsen. Die anderen Kinder kamen in Deutschland zur Welt. Die Eltern stammen aus Pakistan und seien entfernt verwandt; die Ehe der beiden sei arrangiert worden. Nach der Heirat habe die Mutter ihr Studium der Landwirtschaft aufgrund ihrer Schwangerschaft abgebrochen. Es sei politisch eine unruhige Zeit gewesen, weswegen die Eltern sich entschlossen hätten, nach Deutschland zu ziehen.

Der Patient habe seine Kindheit als wenig vertrauensvoll, »befremdlich« und schwierig empfunden. Die Eltern seien wegen ihrer

Kultur nicht akzeptiert worden und hätten sich nicht richtig einleben können. In der Familie habe es starke Konflikte und viel Streit gegeben. Die Eltern hätten sich gegenseitig Vorwürfe gemacht, sich heftig beleidigt und sich häufig mit Gegenständen beworfen. Der Patient sei in der Schule auf Grund seiner Herkunft und seines Aussehens nicht akzeptiert worden. Er sei von Mitschülern als Affe bezeichnet worden, er solle zum Zirkus gehen. Er habe sich sowohl in der Schule als auch zu Hause »befremdet« und unverstanden gefühlt, er habe keinen sicheren Ort gehabt.

Der Patient habe seinen Vater als impulsiv und dominant, intelligent und stolz empfunden. Seine Mutter sei bedürftig, kindlich und engstirnig gewesen, leicht naiv und ohne Selbstgefühl. Zu seinem jüngsten Bruder, mit dem er zusammen studiert habe, bestehe eine gute Beziehung. Zu den anderen Brüdern sei die Beziehung wechselhaft, sie seien ohne Leistungsbereitschaft.

Abdullah schildert eine deutliche Unsicherheit bezüglich seiner männlichen Identität und seinem Selbstwerterleben. So äußerte er häufig die Angst, dass er als »unmännlich« und »unattraktiv« empfunden werden könne. Aus diesem Grund ginge er oft ins Fitnessstudio, um muskulös und trainiert zu wirken, prüfe sein Aussehen im Spiegel und zeige sich beschämt, wenn alles seiner Meinung nach nicht richtig stimme. Allgemein sei er stets bemüht, sein inneres Bild von Schwäche und seine eigentliche tiefe männliche Unsicherheit zu kompensieren. Beispielsweise besucht er häufige Partys, auf denen er von Frauen bewundert werden könnte oder in dem er sich darum bemühte, bei seinen Freunden ausschließlich »cool und selbstbewusst« aufzutreten, um von ihnen Bestätigung und Anerkennung zu erhalten.

Männlich – weiblich oder alles?

Der 25-jährige Marcel, ein sehr hübscher und gepflegter Mann mit einem kindlich-weichen Gesicht, kommt wegen einer ausgeprägten depressiven Verstimmung und diversen Zwängen, u. a. Waschzwängen und Kontrollzwängen, in Behandlung. Er hatte zuvor eine Verhaltenstherapie gemacht, das habe ihm aber nicht genügt und er möchte ein tieferes Verständnis für seine Zwänge erlangen und diese endlich loswerden. Der Patient ist Einzelhandelskaufmann in einem großen Betrieb und stammt aus einer großen Familie. Die Eltern haben sich getrennt, weil der Vater seit längerem ein Verhältnis und mit der neuen Beziehung eine einjährige Tochter hat. Das Verhältnis zur Mutter ist sehr eng, wöchentliche Besuche werden berichtet; die Beziehung zum Vater wird ausschließlich negativ konnotiert; seit der Geburt des neuen Geschwisters besteht kein Kontakt mehr zum Vater. Der Patient hat eine Freundin, beide seien bi-sexuell.

Den Patienten beschäftigen besonders Kindheitserlebnisse. So hatte er vielfältige Erfahrungen im Alter von etwa acht bis neun Jahren mit anderen Jungen, in denen der eigene Körper exploriert wurde und wechselseitige Stimulation und Masturbation stattfand. Die erlebe er heute noch sehr schuldhaft, er müsse aber immer wieder daran denken. Seit er Jugendlicher ist schaue er gerne schwule Pornos an, etwa mit 16 Jahren seien zum ersten Mal depressive Verstimmungen aufgetreten. Beim Sport mit anderen Jungen wären Impulse aufgetreten, diese zu berühren, die er kaum bändigen konnte. Es treiben ihn viele Sorgen um, ob er beim Geschlechtsverkehr mit seiner Freundin alles richtig mache, auch habe er Schuldgefühle, weil er sie mit einer anderen Frau betrogen habe.

5.2 Was ist auffällig und wie ging es weiter?

Natürlich werden wir uns noch ausführlich mit therapeutischen Prozessen in Langzeittherapien beschäftigen (▶ Kap. 6), aber einige Bemerkungen zu den Erstgesprächen möchte ich an dieser Stelle schon machen. Auffällig in allen Beispielen ist die »Identitätsverunsicherung«. Es ist bei vielen Patienten noch unklar, wohin die Reise geht, Suchbewegungen und Explorationen sind erkennbar, ebenso wie Barrieren. Es fällt auf, dass Ähnlichkeiten mit den elterlichen Berufen (*foreclosure*) oder das genaue Gegenteil, d. h. die Exploration in einem ganz anderen Bereich einsetzt, die in der Regel von den Eltern nicht gutgeheißen wird. Das ist beispielsweise bei Duyglu, Sidonie, Daniel und Clara so, die wir noch genauer in Kapitel 6 kennenlernen werden (▶ Kap. 6); teilweise erfolgt eine Orientierung an Partnern und Freundinnen, so bei Clara. Viele der Patienten haben Arbeitsprobleme, Prüfungsangst.

Auch die Partnerbeziehungen sind stark beeinträchtigt, besonders deutlich bei Sidonie, Emilie und Dorothea. Fragen der sexuellen Orientierung und der Geschlechtspartnerwahl sind in den Erstgesprächen von Marcel, Abdullah und weniger stark bei Albert deutlich. Obwohl die Phase des bisexuellen Schwankens eigentlich schon beendet sein dürfte, scheint sie beispielsweise bei Marcel noch anzuhalten. Das bisexuelle Schwanken wurde bereits von Freud und später von Helene Deutsch (1944) und Blos (1973/2015) beschrieben und findet sich in der Regel in der Adoleszenz (Seiffge-Krenke, 2021a). Aber da sich auch die Identitätsentwicklung hinausgeschoben hat, könnte auch diese Exploration und Verunsicherung über die eigene Geschlechtsidentität und Geschlechtspartnerorientierung durchaus noch anhalten. Unsicher in ihrer Geschlechtsidentität sind auch Abdullah und Fred; Fred und Daniel sind noch so sehr an die Mutter gebunden, dass sie gar kein Auge für Partner oder Partnerinnen haben.

In den Schilderungen fallen oftmals stark aufgespaltene Elternbilder und eine wenig verdeckte Neidproblematik der Eltern auf. Besonders deutlich ist das bei Sidonie und Clara, aber wir sehen das auch bei der Patientin Dorothea (vgl. Kapitel 7, wo ich auf das Neidproblem der Eltern eingehe) und bei Marcel.

Probleme im Bereich Arbeit, Beruf und Studium und Partnerschaft sind demnach bei fast allen Patienten nachweisbar, hinzu kommen Probleme der Ablösung von den Eltern, der immer noch vorhandene starke Abhängigkeit von Zuhause (»Heimat«) mit einem teilweise geradezu regressiven Verhalten, sobald die »Kinder« wieder zuhause sind (»ich hab' das Kochen aufgegeben, ...«). Beziehungsprobleme, die mit der sehr engen Bindung an die Eltern zusammenhängen, sind ebenfalls sehr deutlich: Die Töchter sind mit einem 90-cm Jungmädchenbett gut bedient, sollen am besten dem vom Vater vorbestimmten Partner heiraten.

Wieviel Unterstützung ist angemessen? Diese Frage muss man sich bei vielen der Patienten stellen und regressive Anteile sind sehr deutlich, so bei Fred, Anna, Figen und Daniel. Auch die Frage der Behandlungsmotivation ist oftmals nicht ganz klar, so bei Fred und Figen. Dies schließt auch die Indikationsfrage ein. Sind die Patienten in der Regression, wie bei einigen der geschilderten Fälle wegen Corona, wo die Patienten viel zuhause sind, nicht mehr kochen, nicht mehr ausgehen? Ein therapeutisches Angebot einer psychoanalytischen Therapie könnte die Regression verstärken, aber auch generell könnte eine zu starke therapeutische Unterstützung die Regression zu einer malignen Regression verstärken »dann macht die Patientin gar nichts mehr«, meint die Therapeutin von Anna, und schlägt stattdessen einen Schritt nach vorn vor, etwas Haltendes und Begrenzendes.

Wir diskutieren in der Supervision, inwieweit das Setting auch ein haltgehender Rahmen ist. Auffällig sind auch Spaltungen, insbesondere aufgespaltene Elternbilder und eine Aggression im Außen. Ich denke, bei vielen der Patienten sollte man einerseits die Selbst- und Objektwahrnehmung stärken, die integrative Funktion (hatten die Mutter/der Vater nicht auch gute Seiten?) und andererseits die Schuldgefühle bearbeiten, wenn eine andere als die von den Eltern präferierte Berufswahl verfolgt wird. Wut und Aggression ist in vielen Schilderungen zu erkennen, und hier ergibt sich die therapeutisch wichtige Frage, ob und wie es später in der Behandlung zu einer produktiven Aggression kommen kann – auch in den therapeutischen Sitzungen selbst. Die Patienten dürfen aggressive Gefühle gegenüber dem Therapeuten haben, diese äußern und bearbeiten. Es geht also um Facetten der negativen Übertragung und Gegenübertragung (▶ Kap. 6). Bei vielen Patienten, besonders deutlich bei Figen, Sidonie, Daniel und Dorothea, sollte man auch die gelegentliche Arbeit mit Angehörigen in Betracht ziehen: Wann öffne ich den individuellen Raum für andere?

Sind die Patienten ausreichend für eine Langzeittherapie motiviert und geeignet? Strukturdefizite sind offenkundig bei einigen von ihnen. Eine Kurzzeittherapie kann zur Abklärung der Behandlungsmotivation sinnvoll sein. Figen sagt zwar, sie will die Behandlung unbedingt, das sei ihr wichtig, und notfalls würde sie ihre Arbeitsstelle verlassen und zur Stunde kommen, selbst wenn ihre Chefin das nicht will. Die bewusste Motivation scheint gut, aber ist es auch die unbewusste Motivation? Will sie nicht doch lieber ihr bequemes Arrangement zuhause erhalten und nur ihren Freund in Therapie schicken? Bei Figen überwiegt ein starkes Misstrauen: Kann sie sich überhaupt auf eine Beziehung zur Therapeutin einlassen?

Sollen wir uns den Rahmen schon im Erstgespräch diktieren lassen und den Patienten genau dann einbestellen, wenn er möchte (und nicht z. B. gerade in die »Heimat« fährt, wie bei Anna)? Bei anderen Patienten scheint der Krankheitsgewinn groß – soll der Therapeut für sie anstelle der Mutter »die Kastanien aus dem Feuer holen«? Ahnt man schon, dass der Patient Bescheinigungen (bei Studienausfällen, Prüfungsproblemen) wollen? Das ist am Anfang oft nicht zu erkennen, war aber ein großes Problem bei Abdullah, der seine Arbeitsstörungen und die Tatsache, dass er seine Prüfungen nicht machte, lange verborgen hat und schließlich in einer Mischung aus Lügen, Verleugnung und Rettungsfantasien den Therapeuten zu entsprechenden Interventionen bringen wollte (▶ Kap. 6).

5.3 Wer kommt in Behandlung?

Aus der Sicht der Forschung lässt sich das ziemlich genau eingrenzen. Hier ist es hilfreich, auf eine Differenzierung des Explorationskonzepts hinzuweisen. Man unterscheidet zwischen Exploration in die Tiefe und Breite – wobei die Exploration in die Breite neu ist –, zusätzlich wurde eine ruminative Komponente gefunden, ein auf der Stelle Treten. Auch das diffuse Stadium bei jungen Erwachsenen wurde weiter untergliedert, und zwar in *Carefree Diffusion* und *Troubled Diffusion* (Luyckxs et al., 2014), also jungen Leuten, die noch eine diffuse Identität haben, was sie aber nicht weiter stört, und solchen, die darunter leiden, und zwar besonders hinsichtlich ihrer beruflichen Situation und ihren Partnerbeziehungen. Insbesondere die sensiblen Patienten (die mit der *troubled diffusion*) leiden also unter der erlebten Diskrepanz zwischen ihren Entwicklungszielen und der ungewissen Zeit bis zu ihrer Realisierung.

Mit anderen Worten: Es ist zu erwarten, dass vor allem Patienten kommen, die unter ruminativer Exploration (auf der Stelle Treten) und *Troubled Diffusion* (sorgenvoller Diffusion) leiden. Hinzu kommt ein subjektiver Leidensdruck, der ein implizites Bewusstsein der gesellschaftlichen Erwartungen beinhaltet. Ich erinnere an die hohen Entwicklungsziele und den geringen Entwicklungsstand (▶ Kap. 2). Danach befragt, warum das so ist, beurteilen fast 60 % der jungen Leute ihre Situation als deutlich schwieriger als die früherer Generationen (Seiffge-Krenke & Gelhaar, 2006) und nennen als typische Schwierigkeiten die hohen Arbeitslosenzahlen, zu viele Wahlmöglichkeiten und eine daraus resultierende Orientierungslosigkeit sowie höhere berufliche Ansprüche.

5.4 Indikationskriterien für Langzeitbehandlungen und das Problem des Krankheitsgewinns

Wir werden später genauer auf spezifische behandlungstechnische Probleme eingehen (▶ Kap. 6). An dieser Stelle können wir uns einige Gedanken über die Indikation machen (ist überhaupt eine Psychotherapie angezeigt, und wenn ja, in welcher Form?) oder ob nicht andere Interventionen und Behandlungsvorschläge wie Psychoedukation, entwicklungsorientierte Beratung etc. für einige der Patienten durchaus (eher) in Frage kommen.

An den bereits von Freud geschilderten klassischen Kriterien für eine Indikation (Leidensdruck, Behandlungsmotivation und Krankheitseinsicht) hat sich auch heute nichts geändert. Der Leidensdruck mag erheblich sein, er allein reicht jedoch nicht für eine Indikation zur psychodynamischen Psychotherapie aus. Der Patient muss eine Ahnung haben, dass die Ursachen der Symptome etwas mit ihm/ihr zu tun haben und er oder sie muss motiviert sein, sich dem durchaus schmerzhaften Prozess einer längerdauernden Therapie zu unterziehen. Wir sehen immer wieder Patienten, die sehr beeinträchtigt sind, aber kaum einen Leidensdruck haben (z. B. Patienten mit Essstörungen). Wieder andere möchten, dass sich etwas in ihrem Leben ändert (»Veränderungsmotivation« in der Achse *Behandlungsvoraussetzungen* der OPD) – dies ist aber nicht gleichzusetzen mit Psychotherapiemotivation. Die Bereitschaft zur Auseinandersetzung mit schmerzlichen Gefühlen (wie Angst, Verzweiflung, Ohnmacht, Schuld), die Bearbeitung von krankmachenden Konflikten und das Erkennen der eigenen Beteiligung sind demnach wichtige Voraussetzungen. Ich gebe einige Beispiele, damit man sich die Indikationskriterien etwas besser vorstellen kann:

Die Patientin hat einen ausgeprägten Leidensdruck und erkennt Selbstanteile. Sie ist zu den probatorischen Sitzungen zuverlässig und pünktlich erschienen. Es bestehen eine gute Therapiemotivation sowie ein psychisches Veränderungskonzept. Sie kann klare Ziele angeben, die sie in der Therapie erreichen will, so dass die Prognose als günstig erachtet werden kann.

Die Patientin wünscht sich als Therapieziele eine bessere, klarere Selbsteinschätzung und Identität, sie möchte ihr Leben mit Freude leben und ihre Bedürfnisse und Ansprüche ohne Angst vor Objektverlust zum Ausdruck bringen können. Obwohl sie im Umgang mit emotionalen Themen rationalisierend ist, ist sie bemüht, sich auf das therapeutische Angebot einzulassen und sich in diesem Rahmen aktiv mit ihrem inneren Erleben auseinanderzusetzen.

Der Patient kann erkennen, dass es ihm schwerfällt, Vertrauen zu empfinden. Er quält sich mit Minderwertigkeits- und Unsicherheitsgefühlen, mit Ärger und Wut. Er schildert seine Kindheit als wenig vertrauensvoll, unruhig und befremdlich. In seiner Familie habe es häufig Konflikte untereinander gegeben, in der Schule sei er gemobbt worden und habe daher nie richtig Vertrauen fassen und Sicherheit empfinden können. Er glaubt, er braucht eine tiefenpsychologische Therapie, damit er die Ursachen seiner Ängste und Hemmungen verstehen kann.

Der Patient spricht sehr geordnet und strukturiert und füllt die Stunden mit Klagen über seine Beschwerden. Es kommt einem vor, als hätte er alles vorbereitet, um vorzutragen, als wollte er einen bestimmten Eindruck erschaffen. Er bombardiert die Therapeutin regelrecht mit sehr vielen Informationen, scheint alles schnell erzählen zu wollen, damit man auch schnell zur Lösung kommt. Auf den Hinweis der Therapeutin, die Therapie bedeute einen längerfristigen Prozess und sei mit durchaus schwieriger, langwieriger und möglicherweise schmerzhafter Arbeit verbunden, reagiert er irritiert.

Von erheblicher Bedeutung ist ferner ein möglicherweise bestehender Krankheitsgewinn. Umgangssprachlich wird Krankheitsgewinn als Bezeichnung für die Vorteile gewählt, die ein Patient aus seiner Krankheit bzw. aus der Diagnose zieht. Freud hatte jedoch zwischen primärem und sekundärem Krankheitsgewinn unterschieden. Der primäre Krankheitsgewinn besteht darin, dass die neurotische Symptombildung, u. a. durch Abwehrprozesse, eine Einsicht in den intrapsychischen, unbewussten Konflikt verhindert; das Bewusstsein ist also relativ »konfliktfrei«. Ein Zusammenhang zwischen den Konflikten und den Krankheitssymptomen ist somit nicht unmittelbar einsichtig. Das Symptom dient unbewusst dazu, unangenehmeren Konflikten aus dem Weg zu gehen (z. B. eine Gangstörung, wenn man die Ablösung vom Elternhaus als ambivalent erlebt), weshalb man es unbewusst nur ungern aufgibt.

Der sekundäre Krankheitsgewinn besteht dagegen in den äußeren Vorteilen, die der Erkrankte aus bestehenden Symptomen ziehen kann, wie dem Zugewinn an Aufmerksamkeit und »Bemutterung« durch andere, die Möglichkeit, im Bett bleiben zu können und bekocht zu werden, die Möglichkeit unangenehme Arbeiten und Prüfungen aufzuschieben und dafür entsprechende Bescheinigungen und Atteste zu bekommen etc.

Bei Depressionen, Zwängen und Phobien beispielsweise ist der kommunikative Aspekt dieser Symptomsprache offenbar, und die »angstbindenden Objekte« tun so einiges für den Patienten. Wie wir gesehen haben, werden die Patienten aus den Fallbeispielen bespaßt und gefahren (Daniel), haben Mütter, die sich für sie nach einem Urlaubssemester erkundigen (Fred), sie bekochen und versorgen (Figen).

Ganz abgesehen von der Frage, wieviel Unterstützung angemessen ist (▶ Kap. 7), auch von therapeutischer Seite (▶ Kap. 6) ist hier zu klären, ob der Patient diese Privilegien aufgeben und sich der schmerzhaften Prozedur des Erwachsenwerdens unterziehen will.

5.5 Indikationen für Beratungen und kürzere, strukturierte Behandlungsansätze

Im nächsten Kapitel (▶ Kap. 6) wird ausführlich auf die Behandlungstechnik in Langzeitpsychotherapien eingegangen, zu denen auch die Psychoanalyse und tiefenpsychologisch fundierte Therapien zählen, die wir in diesem Buch unter dem Oberbegriff psychodynamische Therapie zusammengefasst haben. Wenn ein Strukturaufbau notwendig ist, wird darauf ebenfalls eingegangen (▶ Kap. 6). Eine Besonderheit der psychotherapeutischen Arbeit mit jungen Erwachsenen ist, dass (kurzzeitige) Krisenbewältigung, Begleitung, Beratung und Psychoedukation zentraler ist als in anderen Therapien. Dies hängt damit zusammen, dass die Probleme möglicherweise aktuell sind (und nicht auf einen schon länger bestehenden intrapsychischen Konflikt hindeuten), und dass junge Erwachsene oftmals über sehr gute Ressourcen verfügen, um nach einer kurzen Hilfestellung und Begleitung die anstehenden Probleme alleine bewältigen zu können. Es muss auch bedacht werden, dass die Behandlung möglicherweise nicht kontinuierlich durchgeführt werden kann. Es kann zu kurz- oder längerfristigen Ausfällen kommen, die mit beruflichen oder studienbedingten Veränderungen zu tun haben. Es sind also möglicherweise andere Frequenzen als die regelmäßige Stunde/Woche notwendig.

Insbesondere dann, wenn schon in den Erstgesprächen deutlich wird, dass demnächst ein Auslandsaufenthalt oder ein Umzug in eine weiter entfernte Stadt notwendig ist, wäre die Frage, ob man mit einer Kurzzeittherapie in diesen Fällen nicht das angemessenere Angebot macht. Auch vertreten manche Therapeuten die Meinung, Studierende, die »gesund genug« seine, ihr geplantes Auslandssemester anzutreten, sollte man fahren lassen und ihnen stattdessen anbieten, dass sie sich zur weiteren Bearbeitung im Rahmen einer Langzeittherapie wieder melden können, wenn die Probleme auch nach der Rückkehr weiterhin bestehen.

In welchem Umfang man auch bei laufenden Langzeit-Behandlungen von dem »starren Schema« abweichen kann und muss, wird ebenfalls im nächsten Kapitel erörtert (▶ Kap. 6). Es ist also unter Bedingungen von hoher Instabilität im Lebenslauf dieser jungen Leute bereits am Anfang die Frage zu klären, welches therapeutische Angebot man machen möchte und ob dies für die jungen Leute akzeptabel ist. In diesem Kontext können insbesondere bei zwei Störungsformen andere Angebote als Langzeittherapien angemessen sein, nämlich bei Prokrastination und Computerspielabhängigkeit:

Studierende mit Arbeitsproblemen, insbesondere wenn sie unter extremem Aufschieben (Prokrastination) leiden, sind nicht zwangsläufig für eine Langzeittherapie geeignet, insbesondere wenn keine komorbiden anderen psychischen Störungen vorliegen. Ich erinnere an die hohe Komorbidität mit Depression und Angststörungen. In den Erstgesprächen wäre es wichtig zu klären, ob länger bestehende Depressionen und Ängste die Ursache sind, die zu Prokrastination führten, dann ist aus meiner Sicht die Indikation für eine Langzeittherapie sinnvoll. Wenn dagegen ein länger bestehendes Aufschieben wegen Arbeitsdefiziten, schlechter Noten etc. zu niedrigem Selbstwert, Depression und Prüfungsängsten führen, ist dies eher eine Indikation für eine kürzere Behandlung, möglicherweise an einer Beratungsstelle für Studierende, oder eine Kurzzeittherapie.

Unter Prokrastination verstehen wir wie beschrieben das Aufschieben von wichtigen Aufgaben trotz der damit einhergehenden negativen Konsequenzen. Die kurzzeitigen positiven Folgen des Aufschiebeverhaltens (kurzzeitige Entlastung) überwiegen zunächst. Wir haben bereits gesehen (▶ Kap. 4), dass sich dieses Phänomen besonders bei Studierenden beobachten lässt, aber nur ein kleiner Prozentsatz zu extremer Prokrastination neigt. Etwa 10 % berichten, regelmäßig studienrelevante Aufgaben, wie z. B. Seminarvorbereitungen, das Schreiben von Hausarbeiten oder das Lernen für Prüfungen aufzuschieben Ein solches Ver-

5.5 Indikationen für Beratungen und kürzere, strukturierte Behandlungsansätze

halten ist jedoch häufig dysfunktional, da es mit geringeren Lernerfolgen und einer höheren Ängstlichkeit sowie erhöhtem Stresserleben einhergehen kann. Diesen Patienten ist in der Regel damit geholfen, dass sie in einer studentischen Beratungsstelle an entsprechenden Kurzzeittherapien und Kurzzeitprogrammen teilnehmen. Diese Programme gibt es in nahezu allen Beratungsstellen für Studierende.

Wenn jedoch andere psychische Störungen vorliegen, narzisstische Probleme, Strukturdefizite und insbesondere bei Depression und Angststörungen, ist möglicherweise eine Langzeitpsychotherapie indiziert. Einige Punkte, auf die man therapeutisch achten kann, wurden bereits besprochen (▶ Kap. 4). Sollten Strukturdefizite vorliegen, kann man diese im Rahmen der Behandlung angehen (▶ Kap. 6). Behindert ein intrapsychischer Konflikt die Arbeitsfähigkeit, können diese ebenfalls in einer Langzeittherapie bearbeitet werden; zu denken ist etwa an Autonomieschuld oder »die am Erfolg scheitern« (▶ Kap. 6).

Ähnliches gilt für Patienten mit Computerspielabhängigkeit. Hier ist nicht nur die Frage der Indikation, sondern auch die der Behandlungsmotivation kritisch zu prüfen. Wegen der ubiquitären Verfügbarkeit von Computern und Smartphones finden die Patienten nur sehr schwer aus dieser Abhängigkeit heraus. Es sind also zunächst die krankheitsfördernden und -aufrechterhaltenden Ursachen zu klären. Wir haben gesehen (▶ Kap. 4), das eine Vielzahl von psychischen Störungen, wie affektive Erkrankungen, Aufmerksamkeitsdefizit-Hyperaktivitätsstörung (ADHS), Störungen des Sozialverhaltens und Angststörungen, komorbid auftreten können. Es gibt inzwischen in den meisten Städten spezielle Ambulanzen mit Programmen für Patienten mit Computerspielabhängigkeit. Besonders also bei Patienten ohne Komorbidität mit anderen psychischen Störungen ist dies eine klare Indikation.

Gerade Langzeittherapien sind v. a. wegen mangelnder Motivation der Betroffenen schwierig, da das Spielen sehr viele positive Aspekte bietet. Es fällt vielen Betroffenen schwer, die erworbenen Titel, den Expertenstatus, die Onlinefreunde usw. aufzugeben. Dazu kommen spielassoziierte Belohnungen und Vergünstigungen (z. B. Aufsteigen in hierarchischen Strukturen, Kompetenzgewinn). Man sollte nach Möglichkeit das anspruchsvolle Angebot einer Langzeittherapien nur solchen Patienten machen, die dies auch motivational schaffen und nicht zu viel »Gewinn« aus dem Spiel ziehen. Das Interesse an *realen* Beziehungen muss zumindest noch so groß sein, dass die Betroffenen sich auf eine längerfristige therapeutische Beziehung und eine durchaus auch frustrierende »Arbeit« in der Therapie einlassen können.

All dies ist zu berücksichtigen, ehe man eine Indikation für eine Beratung in einem speziellen Zentrum für Computerspielsüchte oder eben eine Langzeittherapie (mit möglicherweise vorgeschalteter Kurzzeittherapie zur Klärung der Motivation) empfiehlt. In Deutschland hat sich ein umfangreiches Behandlungsangebot für Computerspielabhängigkeit entwickelt. So wurde 2008 die erste *Ambulanz für Spielsucht* an der Universitätsmedizin der Johannes Gutenberg-Universität Mainz eröffnet; ähnliche Angebote gibt es in vielen großen Städten.

Zusammenfassung

Anhand von Fallvignetten aus Erstgesprächen wurden typische Probleme von jungen Erwachsenen verdeutlicht, die die Bereiche Lieben, Arbeiten und Autonomie von den Eltern betreffen. Nicht immer ist eine psychodynamische Langzeittherapie indiziert. Entwicklungsbezogene Beratungen oder Kurzzeittherapien bzw. die Weiterleitung in Spezialambulanzen können sinnvoll sein, dies gilt besonders für Patienten mit Prokrastination und Computerspielsüchten. Für eine psychodynamische Langzeittherapie ist die Trias aus Leidensdruck, Krankheitseinsicht und Behandlungsmotivation nach wie vor relevant. Bereits in den Erstgesprächen können die Patienten ankündigen, dass sie eine örtliche Veränderung (Umzug, Studium/Berufsausbildung in einer anderen Stadt, im Ausland) planen. Es ist also über flexible Behandlungsangebote für diese mobile Altersgruppe nachzudenken.

Weiterführende Literatur

Laimböck, A. (2019). *Das psychoanalytische Erstgespräch*. Frankfurt a. M.: Brandes & Apsel.

5.5 Indikationen für Beratungen und kürzere, strukturierte Behandlungsansätze

Weiterführende Fragen

- Welche Informationen geben uns bereits die Erstgespräche über die Fähigkeiten und Möglichkeiten der potenziellen Patienten, den Rahmen einzuhalten?
- Warum ist die Trias Leidensdruck, Krankheitseinsicht und Behandlungsmotivation unverzichtbare Grundlage für Indikationsfragen?
- Welche Rolle spielen strukturelle Beeinträchtigungen bei der Indikation?
- Wie gehen wir mit der begleitende Elternarbeit um? Ist sie sinnvoll? Sollte patientenabhängig differenziert werden?
- Sollte man auch die Partner in die begleitende Arbeit mit Angehörigen einbinden?

6 Besonderheiten in der Behandlungstechnik bei jungen Erwachsenen

Im Folgenden geht es um spezifische Überlegungen und Vorgehensweisen in der Behandlung, für diese Altersgruppe, wobei ich mich auf psychodynamische Langzeittherapien (Psychoanalyse [PA] und Tiefenpsychologie [TP]) beziehe. Ich möchte hervorheben, dass es dabei weniger um »Rezepte« geht, sondern um eine bestimmte therapeutische Haltung. Wir müssen in der Behandlungstechnik immer auch von der Adoleszenz her denken – vieles was für Jugendliche gilt (Seiffge-Krenke, 2021a), ist auch noch für junge Erwachsene sinnvoll, insbesondere dann, wenn der Entwicklungstand eines jungen Erwachsenen als besonders »jugendlich« anmutet. Von besonderer Bedeutung sind Aspekte des Rahmens in einem Altersabschnitt mit hoher Mobilität und der Umgang mit Abstinenz bzw. analytischer Neutralität. In der therapeutischen Arbeit mag man sich manchmal fragen, wieviel Unterstützung wirklich angemessen ist und wo Strukturaufbau oder Durcharbeiten entwicklungsbehindernder Konflikte sinnvoll ist. Insofern ist der therapeutische Umgang mit jungen Erwachsenen nicht einfach, sondern erfordert besondere therapeutische Sensibilität (Seiffge-Krenke, 2015). Da wir zunehmend zu einer multikulturellen Gesellschaft geworden sind, müssen auch diese Veränderungen ihren Niederschlag in der Behandlungstechnik finden.

6.1 Die Bedeutung von Zeit und Grenzen

Im Unterschied zu den neuen Medien, in denen Zeit grenzenlos ist und alles immer gleich zur Verfügung steht, ist das therapeutische Geschehen stark zeitbezogen: Beginn und Ende sind festgelegt, die Stunden finden nach Möglichkeit immer zur gleichen Zeit und immer mit der gleichen Anzahl von Minuten statt – es ist also ein ziemliches Kontrastprogramm zu dem, was junge Erwachsene gewohnt sind. Dieser Bruch mit den Alltagserfahrungen ist wichtig, er muss bedacht werden und er wird vielleicht sogar von den Patienten gesucht – es ist also nicht »alles möglich«.

Wir haben in den vorangegangenen Kapiteln viele Belege für das Hinausschieben von Entwicklungsprozessen wie der verlängerten und qualitativ veränderten Identitätsentwicklung und der veränderten Beziehungsgestaltung gesehen. Diese Veränderungen sind auch symptomatisch besonders auffällig bei den jungen Erwachsenen, die um eine Psychotherapie ersuchen (▶ Kap. 5). Der Therapeut muss sich zwischen einer Verfrühung in den adoleszenzspezifischen und einer Retardierung in den erwachsenspezifischen Aufgaben orientieren. Auch hängt die Einschätzung der Krankheitswertigkeit natürlich nicht nur von objektiven zeitlichen Kriterien, sondern auch vom subjektiven Leidendruck ab, der, wie wir in Kapitel 5 gesehen haben, bei vielen Patienten auch ein implizites Bewusstsein der normativen zeitlichen Kriterien beinhaltet. Ihnen ist ihr geringer Entwicklungsstand in Aufgaben wie Auszug aus dem Elternhaus, berufliche Karriere und Entwicklung von Partnerschaften bewusst. Insbesondere den sensiblen Patienten bereitet die Diskrepanz zwischen ihren Entwicklungszielen und der ungewissen Zeit bis zu ihrer Realisierung Probleme. Gegenwärtig wird vermutlich auch der Optimierungsdruck eine Rolle spielen für die immer weitere zeitliche Ausdehnung.

Als Psychoanalytiker ist es nicht unsere Aufgabe, Ratschläge zu geben, wir wollen in erster Linie gemeinsam mit dem Patienten die Situation, das Erleben, die möglicherweise vorhandenen entwicklungshemmenden Konflikte oder mögliche strukturelle Defizite gemeinsam verstehen und bearbeiten. Unter der veränderten Perspektive von Zeit kann es aber notwendig werden, Grenzen zu setzen – dies ist möglicherweise für manche Patienten eine wichtige und neue Entwicklungserfahrung. Da sich inzwischen große zeitliche Verschiebungen ergeben haben und die Entwicklungsaufgaben oftmals nicht mehr so linear »abgearbeitet« werden wie in früheren Zeiten, muss man auch einen anderen Toleranzspielraum walten lassen. Es ist dann dennoch oftmals schwierig zu entscheiden, wann man die Grenzen setzen muss – weil sich oft erst sehr viel später abzeichnen wird, wohin die vielleicht »uferlos« erscheinende Exploration letztendlich geführt hat. Wir müssen bedenken, dass beispielsweise Erikson nie eine formale Ausbildung beendet hat und nach insgesamt sieben Wanderjahren – für die damalige Zeit ein erheblicher Zeitraum – und erst durch den Kontakt zur Psychoanalyse und der Beziehung zu seiner späteren Frau Stabilität in sein Leben kam und eine klarere Vorstellung, was er beruflich machen wollte.

Es ist für uns als Therapeuten heute sehr viel schwerer einzuschätzen, ob man die Patienten »an der langen Leine laufen lassen kann« im Vertrauen darauf, dass die gemeinsame Bearbeitung der psychischen Probleme ihnen die Einsicht und die Möglichkeit geben, den Weg in eine Richtung fortzusetzen, die zu ihnen passt oder ob wir ein »Herumprobieren ohne Lernen« vor uns haben, wo man Grenzen setzen sollte.

6.2 Indikation und Aspekte des Rahmens unter Bedingungen der Instabilität

Instabilität ist ein wesentliches Merkmal dieser Entwicklungsphase, welches sich auch auf den therapeutischen Kontext auswirkt. Hier stellt sich die Frage, wie die therapeutische Versorgung bei häufigen Umzügen und Wechseln zu realisieren ist. Dies betrifft zum einen die Indikationsfrage (▶ Kap. 5), denn möglicherweise ist keine Langzeittherapie, sondern nur eine entwicklungsbezogene Beratung notwendig oder möglich. Für diejenigen jungen Erwachsenen, die mit einem erheblichen

6.2 Indikation und Aspekte des Rahmens unter Bedingungen der Instabilität

Leidensdruck und Symptomen kommen, kann eine Langzeittherapie, möglicherweise auch mit begleitender Elternarbeit, sinnvoll sein. Aber: Auch in Langzeittherapien kann es zu Stundenausfällen und längeren Unterbrechungen kommen. Wie gehen wir damit um und was bedeutet dies für das Setting, das wir anbieten, das doch eine relativ große Stabilität und Kontinuität vermitteln soll? Die gerade geschilderten Entwicklungsbedingungen haben also bereits Auswirkungen auf den Rahmen: Wie geht man damit bei dieser »mobilen Gruppe« um? Häufig begegnet uns bereits in den probatorischen Sitzungen der Hinweis, dass der potenzielle Patient plant, in Kürze ein Auslandssemester einzuschieben oder während der Berufsausbildung ein Praktikum im Ausland oder einer weit entfernt liegenden Stadt zu machen.

Manchmal kann man durch eine gemeinsame genauere Analyse ermitteln, ob hier ein Berufswunsch realisiert wird, der so ganz im Gegensatz zu den Erwartungen der Eltern (im Sinne von *foreclosure*) steht) und da ist es wichtig, den Patienten, in ihren Autonomiewünschen zu unterstützen. Andere Patienten können die Nähe-Distanz-Regulierung ihren Eltern gegenüber nur durch abrupte Trennung »lösen« und ein ähnliches Muster könnte sich in der Therapie wiederholen. Nicht wenige Patienten betonen bereits zu Beginn der Therapie, dass sie demnächst ins Ausland oder in eine andere Stadt ziehen werden. Man kann dieses Verhalten als ein Widerstandsverhalten sehen, denn der Widerstand reguliert die Nähe der Beziehung (Seiffge-Krenke, 2017b), zugleich behalten die Patienten die Kontrolle über die Beziehung und lassen sich nicht wirklich ein. Die Ambivalenz wird deutlich:

> Der 25-jährige Marcel leidet unter starken Zwangsstörungen und Ängsten. Der Patient betont immer wieder sein großes Bedürfnis, in Therapie zu gehen, zeigt einen starken Leidensdruck und kann die Therapeutin sehr für sich einnehmen. Sie findet ihn sehr sympathisch und angenehm, bezeichnet ihn als ihren »Lieblingspatienten«. Am Ende der sechsten Stunde überrascht Marcel die Therapeutin mit dem Wunsch, nach Hamburg zu gehen, aber gleichzeitig die Therapie bei ihr fortsetzen zu wollen. Er habe eine entsprechende Idee, sich in einem halben Jahr beruflich nach Hamburg zu verändern, seinem Chef gegenüber geäußert. Der Patient schlägt vor, einmal wö-

chentlich von Hamburg nach Mainz zu fahren, um die Therapie fortzusetzen. Die Therapeutin bleibt verblüfft zurück.

Eine gemeinsame Analyse mit dem Patienten kann ergeben, ob es sich um ein Phänomen des Widerstandes oder, wie in vielen Fällen, um ein Phänomen der Autonomie handelt. Bei Marcel ist besonders daran zu denken, dass er die Kontrolle über den Verlauf behalten möchte – es sei an seine vielen Kontrollzwänge erinnert (▶ Kap. 5) – und diese Idee der Kontrolle vielleicht eine wesentliche Vorbedingung dafür ist, dass er sich überhaupt auf die Therapie einlassen kann.

6.3 Herausforderungen durch die Behandlung als Video- oder Telefontherapie

Im Zuge der Digitalisierung ist es generell möglich, eine Lösung zu finden, um die Therapie unter veränderten Bedingungen (Videotherapie oder Telefonstunden) fortzuführen und auch zu besprechen, was diese Rahmenveränderung für den Patienten und die therapeutische Beziehung bedeutet. Dabei ergibt sich oftmals für den Therapeuten die Frage, lassen sie die Patienten »an der langen Leine« oder bestehen sie auf einem regelmäßigen Setting in wöchentlichen oder größeren Abständen?

Man kann des Öfteren in der Supervision beobachten, dass die Therapeuten sehr zögern und man immer wieder deutlich machen muss, dass sie für den Rahmen verantwortlich sind: Sie bestimmen den Rahmen und sie stellen ihn auch immer wieder her. Veränderungen im Rahmen sind möglich, aber sie sollten reflektiert werden. Dazu gehört auch das Nachdenken darüber, was sich per Telefon oder Video verändert. Durch die Telefonstunde gibt es Veränderungen in zweierlei Hinsicht: Sehr gehemmte und ängstliche Patienten können dies durchaus als Entlastung erleben, das Gesicht des Therapeuten nicht zu sehen und berichten oftmals freier und entspannter, was sie bewegt. Für andere Patienten (und auch für Therapeuten) ist die eingeschränkte Mimik, die leicht verzerrt ankommende Mimik oder Stimme auch irritierend, und der Ausfall der »Zwischenleiblichkeit« wird von Patienten und Therapeuten beklagt. Es könnte aber auch ein Übertragungs- und Gegenübertragungsphänomen deutlich werden, der Neid der »Therapeuten-Eltern«, ihr Ärger über die »Versorgung« und die relative Unbekümmertheit und Erwartung der »Kinder« an die Versorgung. Schließlich ist unter dem Aspekt von Abstinenz und analytischer Neutralität zu bedenken: Kommt der Patient nicht in unsere Praxis, sondern »treffen« wir ihn digital, werden wir durch das Video in seine private Welt eingeführt, genauso wie der Patient möglicherweise auch einen anderen Ausschnitt aus unserer privaten Welt erlebt. Es muss reflektiert werden, was dies für die therapeutische Beziehung bedeutet.

Mit Blick auf das erwähnte Rahmenproblem möchte ich an dieser Stelle nochmals unterstreichen: Als Therapeuten sind *wir* hierfür zuständig, *wir* bestimmen den Rahmen bzw. stellen ihn immer wieder her, das gilt auch für die Video- und Telefonsprechstunde. Auch wenn das zunächst für die Patienten ungewohnt und irritierend erscheint: Sie spüren auch, dass eine große Chance in der Begrenzung und in der Festlegung liegt, die so ganz anders ist als das »alles ist möglich« ihres Lebens außerhalb der Therapie. Es ist also wirklich eine therapeutische Herausforderung, einerseits einen Rahmen anzubieten, aber zugleich auch ausreichend Flexibilität zu zeigen, die den ungewöhnlichen Lebensumständen dieser Altersgruppe angemessen ist.

6.4 Identitätskrise, Identitätsdiffusion oder Identitätskonflikt?

Diagnostisch kann es wichtig sein, zwischen Identitätskrise, Identitätsdiffusion und Identitätskonflikt zu unterscheiden, weil jeweils andere Behandlungstechniken eingesetzt werden müssen. Für Erikson war, wie beschrieben, die Identitätskrise eine normale Entwicklung, ein Thema, dass im Jugendalter ansteht. Wir würden dies nun eher im jungen Erwachsenenalter verorten. Davon zu unterscheiden sind strukturelle Defizite, wie sie sich bei der Identitätsdiffusion zeigen sowie die Entwicklung hemmende Konfliktthemen, wie ein Identitätskonflikt im Sinne der OPD, der einen in der Therapie zu bearbeitenden Konfliktfokus bietet.

Eine eher im Sinne von Erikson zu verortende *Identitätskrise* kann man besonders in Familien mit großen Erwartungen dahingehend, in welche Richtung sich das »Kind« entwickeln sollte, erleben, beispielsweise in Bezug auf die berufliche Identität, etwa das Geschäft des Vaters zu übernehmen oder die Praxis der Mutter fortzuführen. Sie entsteht, wenn Eltern durch Druck und Intrusion oder massive Somatisierung und »Leid« die »Kinder« dazu bewegen wollen, dieser Erwartung zu folgen (*foreclosure*, d. h. übernommene Identität) und den »Kindern« keinen Raum für eine selbstständige Exploration lassen. Diese Phänomene wurden schon früh beschrieben, beispielsweise von Horst-Eberhard Richter (1963), als das Kind als »ideales Selbst« bzw. von Winnicott (1956) oder Gruen (2009) als das Kind als Selbstobjekt. In solchen Fällen ist eine Arbeit mit den Eltern besonders sinnvoll, um den Druck, der auf dem Kind lastet, zu verdeutlichen, aber auch die Barrieren, die man seinem Kind auferlegt hat.

Die Annahme einer Identität, die nicht die eigene ist, habe ich mehrfach beschrieben, z. B. bei Daniel, der aus einer naturwissenschaftlich orientierten Familie stammt und mit seinem Interesse an Theater vor allem vom Vater stark abgelehnt wird (Seiffge-Krenke, 2022, S. 88ff). Wir finden ein solches Phänomen auch gehäuft bei jungen Erwachsenen aus einem kollektivistischen Kulturkreis, wo die Abstimmung mit den Wünschen und Werten der erweiterten Familie wichtiger ist als individuelle Interessen. Wir sollten sehr vorsichtig sein mit der zu forschen Förderung der westlichen Ich-Bezogenheit (Freiheit, Selbstbestimmung, Individualität) und immer bedenken, dass es unseren Patienten möglich sein muss, das Angebot der Familie durchaus anzunehmen. Es muss für unsere Patienten passen, nicht für uns (Belz & Özkan, 2017). Bei einer Identitätskrise der leichteren Art kann möglicherweise schon eine entwicklungsbezogene Beratung für Eltern und Patienten helfen. Bei Daniel (»Ich weiß nicht wer ich bin«) stand im Übrigen nicht wirklich

6.4 Identitätskrise, Identitätsdiffusion oder Identitätskonflikt?

eine Identitätskrise im Hintergrund, sondern seine enormen Ansprüche an Versorgung und ein deutlicher Selbstwertkonflikt. Es war schwer für ihn, den Krankheitsgewinn aufzugeben.

Die *Identitätsdiffusion* ist dagegen ein ernstzunehmendes strukturelles Problem, bei dem in der Behandlung vor allem der Strukturaufbau, besonders die Selbst-Objektdifferenzierung, vorangetrieben werden sollte. Hier ist zu bedenken, dass das DSM-5 Identitätsstörungen als eine der Komponenten der Borderline-Persönlichkeitsstörung einschließt. Unter der Identitätsdiffusion, die beispielsweise bei der Borderline-Persönlichkeitsstörung auftreten kann, versteht man ein »Fehlen eines integrierten Konzepts des Selbst und der wichtigsten Bezugspersonen; es ist sichtbar in unreflektierten, chaotischen Beschreibungen des Patienten von sich und anderen und zeigt sich in einer Unfähigkeit, diese Widersprüche zu integrieren oder überhaupt wahrzunehmen« (Clarkin, Yeomans & Kernberg, 2006, S. 6).

Deutlich wird, dass es hier um strukturelle Probleme geht, die ich in diesem Kapitel noch genauer aufgreifen werde. Ganz ähnlich enthält Paulina Kernbergs Definition der Identitätsdiffusion folgende Merkmale: Verlust der Fähigkeit, sich selbst zu definieren, chaotische Selbstbeschreibungen, Beschreibung von anderen in widersprüchlicher, rigider oder klischeehafter Form, fehlende Integration des Konzepts von sich und bedeutsamen Anderen, instabile Selbst- und Objektrepräsentationen, Verlust von Zukunftsperspektiven, schmerzhafte Gefühle von Inkohärenz über Zeit und Situationen sowie Defizite in der Autonomieentwicklung, mangelhafte Lösung des Separations-/Individuationskonflikts (Kernberg, Weiner & Bardenstein, 2001). Das diagnostische Interview, das Elemente des strukturellen Interviews von Otto Kernberg aufnimmt, fokussiert auf der Differenzialdiagnose zwischen Identitätskrise (im Sinne Eriksons) und Identitätsdiffusion (Foelsch et al., 2010), d. h. der Frage, wie gut die Selbst-Objekt-Differenzierung des Patienten ist.

Diagnostische Hilfen für das Finden eines *Identitätskonfliktes* bieten OPD-KJ und OPD-E, die beide herangezogen werden sollten, denn der junge Erwachsene ist auch hier wieder »in between« und die Operationalisierung für Jugendliche bzw. Erwachsene fällt leicht unterschiedlich aus. Ein Identitätskonflikt im Sinne der OPD-KJ (Arbeitskreis OPD-KJ-

2, 2016) kann nur dann diagnostiziert werden, wenn die Identitätsfindung und -sicherung lebensbestimmend ist. Er wird nicht bei den normalen Umstrukturierungen der Identität im Jugendalter oder jungen Erwachsenenalter eingestuft. Im aktiven Modus würde sichtbar, dass der Betreffende unkritisch von verschiedenen Personen Identitäten übernimmt, d. h. rasch wechselnde Identifizierungen vorliegen; der Patient ändert sich wie ein Chamäleon. In der Gegenübertragung stellen sich oft Sorgen und Befremdung ein, weil man sich nicht sicher ist, auf welcher Ebene man den Patienten annehmen soll. Im passiven Modus zeigen sich Orientierungs- und Ratlosigkeit, und in der Gegenübertragung ein Gefühl von Anstrengung.

Bei den guten strukturellen Fähigkeiten, über die der oben geschilderte Patient Daniel verfügt, würde man zunächst auf Grund seiner Selbstaussage (»Ich weiß nicht wer ich bin«) an einen Identitätskonflikt im passiven Modus denken. Es hat sich aber im Behandlungsverlauf angedeutet, dass ein Selbstwertkonflikt das eigentlich entwicklungsbehindernde Thema ist, und zwar sowohl im aktiven Modus der Selbstüberschätzung und Abwertung des Therapeuten (»Hätten Sie noch was anderes [gemeint ist die Deutung des Therapeuten] anzubieten?«, »Das trifft es, aber nicht so ganz...«) als auch im passiven Modus (»Ich kann im Leben nichts«).

In der OPD 2 für Erwachsene (Arbeitskreis OPD, 2006) wird der Identitätskonflikt als eine konflikthafte Dissonanz der Selbstbereiche beschrieben, während die Identitätsdiffusion davon streng abgegrenzt werden muss; letztere kann als strukturelles Problem in der OPD-Achse Struktur erfasst und abgebildet werden. Häufig beziehen sich Identitätskonflikte auf Dissonanzen, die vor- oder unbewusst sind und durch die mangelnde Integration von Identitätsaspekten aus den Bereichen Körper, Geschlechts- und Familienidentität, ethnische, religiöse und berufliche Identität entstehen. Im passiven Modus besteht ein Gefühl des immer wiederkehrenden Identitätsmangels (»Wer bin ich eigentlich? Wo gehöre ich hin?«). Es gibt keine tragenden Angebote in der Herkunftsidentität, mit denen eine Identifizierung akzeptabel gewesen wäre; Partnerschaften, die aufgrund ihrer klaren Eigenschaften dem Partner Identitätsunterstützung geben könnten, werden vermieden. Im aktiven Modus zeigt sich eine generelle Tendenz, die Unsicherheit in der eigenen Identität zu überspielen. Die Arbeitswelt kann eine starke und unangemessene identitätsstiftende Funktion (»Workaholic«) haben.

6.5 Arbeit an narzisstischen Aspekten und die Bedeutung der Bindung für die therapeutische Arbeit

Ich habe in den ersten Kapiteln dieses Buches versucht aufzuzeigen, was sich in der Entwicklung junger Erwachsener im Vergleich zu früher geändert hat. Hier sind natürlich familienpsychologische Veränderungen (stärkere Unterstützung der Kinder, die Kinder als Selbstobjekt), aber auch gesamtgesellschaftliche Ursachen (Ausdehnung der Schulzeiten, gesellschaftliche Akzeptanz und Förderung von beruflicher und partnerschaftlicher Exploration) zu benennen. Diese Veränderungen bauen auf Entwicklungsprozessen auf, die sich sehr früh im Leben von Säuglingen und Kleinkindern ereignen, mit den frühen Interaktionen mit den Liebesobjekten zu tun haben und mit Konzepten wie Bindung, Spiegelung und Containen verbunden sind (Stern 2012; Bowlby,1988). Sie stellen die Grundlage für alle weiteren Entwicklungen dar. Zentral für die Bindungstheorie ist, dass von einer sicheren Basis aus für das Kind Explorationen möglich sind. Diese These wurde in vielen Studien bei Kindern ganz unterschiedlichen Alters bestätigt. In den vorangegangenen Kapiteln wurde dargestellt, dass bei allen wichtigen Entwicklungsschritten, dem Auszug aus dem Elternhaus, der Neukonzeptualisierung der Identität und der Entwicklung von Partnerbeziehungen, die Bindung eine herausragende Rolle spielt. Eine sichere Bindung ist also eine ganz wichtige Grundlage. Aber natürlich explorieren auch junge Erwachsene mit unsicheren Bindungsmustern, z.T. aus beruflichen und studienbezogenen Notwendigkeiten und teilweise mit großer Angst. Und eine vermeidende Bindung kann auch bei manchen Formen von Gelegenheitssex ohne Wunsch nach Partnerschaft von Bedeutung sein.

Ich habe auf die Rahmenveränderungen aufmerksam gemacht, die mit der Mobilität der Patienten zusammenhängen. Bei manchen Patienten ist aber auch eine narzisstische Komponente sehr deutlich: Die Patienten wollen ihre Exploration in die Ferne genießen, aber die Therapeuten sollen auch zur Verfügung stehen. Der Konflikt zwischen Autonomie und Bindung ist überdeutlich mit den für die Kleinkindzeit so charakteristischen Allmachtsfantasien – das Kind will hinaus in die Welt, aber die Mutter soll dennoch zur Verfügung stehen.

Vom psychoanalytischen Standpunkt ist sowohl für die Identitäts- als auch die Partnerschaftsentwicklung die Bearbeitung narzisstischer Phänomene von Bedeutung. Kohut (1971), der sich besonders um eine Integration von normalen und pathologischen Phänomenen des Narzissmus' bemühte, hat beschrieben, dass die Selbstliebe neben der Objektliebe bestehen bleibt. Im Verlauf der Konsolidierung des Selbst treten Verschmelzungsbedürfnisse in den Hintergrund, es bleiben aber Bedürfnisse nach Spiegelung, Idealisierung sowie Gleichheit recht lange erhalten (Kohut, 1977).

Wie bereits geschildert (▶ Kap. 2) gibt es einen »normalen« entwicklungsbezogenen Narzissmus, denn ein extremer Selbstfokus wurde bei der Untersuchung normaler, nicht klinisch auffälliger junger Leute in vielen Industrieländern, darunter auch Deutschland, gefunden. Aber wir müssen den starken Selbstfokus der jungen Leute auch mit Veränderungen in einem narzisstischen Zeitalter (Seiffge-Krenke, 2021b) in Verbindung bringen. Sich im Spiegel der anderen sehen und erleben hilft bei der Neukonzeptualisierung der Identität, ist auch eine Suche nach Resonanz (Altmeyer, 2019). Hier ist aber, durch den starken Selbstfokus der jungen Erwachsenen (Seiffge-Krenke 2019), auch eine Gefahr für die Weiterentwicklung zur Intimität und Reziprozität zu sehen.

Ich denke, der Fokus auf der Selbstoptimierung ist unglücklich, zum einen, weil er Druck macht in Richtung auf weitere Exploration und Suche, zum anderen, weil die Bezogenheit auf andere fehlt. Wir haben gesehen (▶ Kap. 2)), dass bei jungen Erwachsenen, die in ihrer Identitätsentwicklung vorangeschritten sind, der Selbstfokus deutlich nachlässt und sich eine stärkere Bezogenheit, auch in den Partnerbeziehungen entwickelt. Insofern sollte man als Therapeut äußerst vorsichtig sein, Phänomene als narzisstisch zu diagnostizieren, die »normal« sind bzw. sich entwicklungsbezogen nach einiger Zeit wieder auflösen. Dennoch gibt es bei Patienten natürlich oftmals narzisstische Anteile, sie sind unterschiedlich deutlich ausgeprägt. Manchmal machen sich sehr versteckt bemerkbar. Ich hatte Daniel schon bei den Erstgesprächen vorgestellt, in Seiffge-Krenke (2021a, S. 89) ist die weitere Behandlung geschildert:

> Daniel ist in Bezug auf den Therapeuten stark in einer symbiotischen Beziehung eingebunden, indem er erwartet, dass der Therapeut die Stimmung spürt, in der der Patient gerade ist, und sie benennt. Zugleich zeigen sich die Größenfantasien des Patienten, wenn er die Interventionen des Therapeuten abwertet: »Da liegen Sie vielleicht nicht ganz falsch«, oder »Das trifft es nicht ganz, fällt Ihnen noch etwas anderes ein?« oder »Da liegen Sie richtig, aber Sie übertreiben«. Der Patient hat so große Angst vor seinen zerstörerischen Impulsen, dass es nicht einfach war, dies in den Stunden anzusprechen.

6.6 Spezifische Interventionen: Wie umgehen mit ruminativer Exploration, spezifischen Abwehrmechanismen, Autonomieschuld?

Insgesamt zeigen die geschilderten Ergebnisse zur Identitätsentwicklung, dass es ein schmaler Grad ist von der »normalen« Verlängerung der Identitätsentwicklung ins Erwachsenenalter hinein, mit den typischen Phänomenen des verringerten Commitment und der starken Exploration hin zu klinisch auffälligem Verhalten. Zu diesen klinisch auffälligen Verhaltensweisen gehören die sorgenvolle Diffusion, die ruminative Exploration und ein stark verringertes Commitment mit entsprechenden psychischen und körperlichen Symptomen.

Klinisch bedeutsam ist zunächst, wenn bei Patienten jegliches Commitment fehlt, sie also völlig unverbindliche Explorationen in verschiedenen beruflichen und partnerschaftlichen Bereichen durchführen. Hier ist zu fragen, wie sie eine Psychotherapie, die ja doch eine erhebliche zeitliche und emotionale Bindung erfordert, leisten wollen. Dies betrifft Aspekte der Behandlungsmotivation, die zu Beginn der Therapie zu klären sind (▶ Kap. 5).

Ich möchte hier, da die Art der Exploration, die ein Patient an den Tag legt, auch im Therapieprozess eine Bedeutung haben kann, auf den Unterschied zwischen der *Exploration in die Tiefe* und der *Exploration in die Breite* eingehen. Während früher berufliche Spezialisierungen (Explorationen in die Tiefe: Vom Lehrling zum Meister) eher charakteristisch waren, versuchen junge Leute heutzutage, möglichst breit und universell einsetzbar zu sein, d. h. sie beginnen eine Vielzahl verschiedener beruflicher und universitärer Fortbildungen, häufige Wechsel ohne einen Abschluss sind verbreitet. Das kann klinisch bis zur *ruminativen Exploration* gehen. Diese Patienten probieren ständig etwas anderes aus, machen sich (zu) viele Sorgen und haben Schwierigkeiten zufriedenstellende Antworten auf Identitätsfragen zu finden: Was passt zu mir? Welcher Beruf, welcher Partner passt zu mir? Diese Patienten fragen sich immer dasselbe, ohne mit der Antwort zufrieden zu sein, sie treten, ähnlich wie man es bei depressiven Krankheitsbildern kennt (»Gedankenkreisen«), auf der Stelle. Ihre Suchbewegungen gehen zu sehr in die Breite, ohne dass eine Festlegung, ein Commitment für eine Sache möglich wird. Dies führt zu zahlreichern psychischen und psychosomatischen Symptomen (Klimstra & Denissen, 2017).

Es ist therapeutisch wichtig, den Patienten aus der ruminativen Exploration herauszuhelfen und Grenzen der Exploration zu setzen bzw. die Widerstände zu analysieren, die eine Festlegung verhindern. Hier kann es sich um ein narzisstisches Problem handeln, denn Festlegung heißt auch Begrenzung – es ist nicht mehr *alles* möglich – und es kann auch kränkend sein, sich mit den Begrenzungen einer bestimmten beruflichen Perspektive zufriedengeben zu müssen. Ich erinnere an den geschilderten »Master in Narzissmus« (▶ Kap. 2), d. h. den empirischen Befund, dass sich insbesondere bei Studierenden vielfach narzisstische Züge finden. Die Identitätsentwicklung schreitet im Bereich Beruf und Partnerschaft gleich langsam voran (Luyckxs et al., 2014), und so bedeutet dies in Bezug auf die Partnerschaftsentwicklung, dass auch hier

6.6 Spezifische Interventionen

Kompromisse gemacht werden müssen und gegebenenfalls eine Entidealisierung einsetzen sollte. Unter den heutigen Möglichkeiten einer freien Partnerwahl ist es nicht leicht, sich von der Idee zu verabschieden, dass der Partner in *allen* Aspekten ein Seelenverwandter ist (»*meet your soul mate*«).

Ganz generell sind auch Allmachtsfantasien, dass man alles realisieren kann – nicht zuletzt die neuen Medien verführen ja sehr zu einem »alles ist möglich«-Denken – zu bearbeiten. In der Therapie ist aber nicht alles möglich (vgl. dazu das zum Rahmen Ausgeführte), und so kann man daran arbeiten, dass nicht nur in der Therapie, sondern auch im Leben nicht immer alles möglich ist. Das Stück Begrenzung, Verzicht und Trauerarbeit gehört also zur Therapie.

Widerstände können sich auch aus der Autonomieschuld ergeben – man möchte so ganz anders sein als die Eltern, aber traut es sich nicht so recht zu. Vielleicht wird die Studentin deshalb nicht fertig mit der Examensarbeit, weil sie ihren Vater nicht übertreffen möchte?

Spezifische Abwehrformationen sind hier ebenfalls zu bedenken (Seiffge-Krenke, 2017c): Projektive Zuschreibungen, dass alle anderen am eigenen Scheitern schuld sind, kann man oft in Therapien erleben. Die Rationalisierung, dass man ja beruflich nie wüsste, wohin die jeweilige Ausbildung, das Studium letztendlich führe, sind häufig. Auch Bagatellisieren und Verleugnung sind häufig, und hier sind Klarstellungen (Klarifikationen) hilfreich. Projektionen (»die da oben bestimmen ja doch...«) können dazu benutzt werden, in der Entwicklung nicht voranzuschreiten, sondern zu verharren.

Hier ist immer zu bedenken, dass die Realitäten wirklich verwirrend sind und die Zukunft ganz und gar unvorhersehbar ist. Wenn man bedenkt, dass in den letzten Jahren 300 neue Studiengänge entwickelt wurden (deren Zukunft durchaus ungewiss ist), kann man viele der verwirrenden und beängstigenden Gefühle nachvollziehen und versuchen, sie mit dem Patienten gemeinsam auszuhalten.

6.7 Wie umgehen mit pathologischem Aufschieben?

Wir haben gesehen, dass ein erheblicher Prozentsatz der jungen Erwachsenen, insbesondere Studierende, unter Arbeitsstörungen und Prokrastination, dem pathologischen Herumbummeln leiden. Ich hatte vorgeschlagen (▶ Kap. 4), bei der Indikation für eine Langzeittherapie vor allem Patienten zu berücksichtigen, bei denen zusätzlich zum Symptom des pathologischen Aufschiebens ein intrapsychischer Konflikt oder eine psychische Erkrankung (wie eine Depression u. ä.) vorliegen, in deren Folge dann das pathologische Aufschieben als zusätzliches Symptom entstanden ist. Eine über längere Zeit nicht bewältigte Aufgabe, das Scheitern bei Prüfungen aufgrund unzureichender Vorbereitungen, »knabbert« am Selbstwert und erhöht die Angst vor weiteren Prüfungen. Diese sind wiederum weder bei Studierenden noch bei in der Lehre Befindlichen unausweichbar. Da das pathologische Aufschieben auch mit *self-handicapping* zu tun hat, ist zu prüfen, ob eine zwanghafte oder narzisstische Persönlichkeitsstörung vorliegt, die die Durchführung oder das Beenden der Aufgabe behindern. In diesem Zusammenhang möchte ich an Freuds Bemerkungen zu »Die am Erfolg scheitern« (Freud, 1916) erinnern, die wirklich hilfreich sind und viel mit Erfolgsangst und Autonomieschuld zu tun haben, vor allem aber einem sehr strengen Über-Ich, dass die Triebbefriedigung – und das können wir in diesem Zusammenhang sehr global verstehen – untersagt.

Wir beschäftigen uns hier unter dem Aspekt der Behandlungstechnik aber auch mit Fragen, ob strukturelle Defizite vorliegen, die eine Inangriffnahme oder die Beendigung einer Aufgabe verhindern. Dazu zählen zum einen Aspekte der Selbststeuerung und zum anderen Aspekte der Selbstwahrnehmung. Im Sinne der OPD sind also die Bereiche *Steuerung* und *Identität* (Selbstwahrnehmung) betroffen, an denen man gemeinsam therapeutisch arbeiten kann (Rudolf 2014).

Begrenzungen und Strukturierungen, aber auch eine realistische Selbstwahrnehmung (»was kann ich wirklich leisten?«) sind wichtige Elemente. Dies kann helfen, im Kontext von möglicherweise ebenfalls vorhandenen intrapsychischen Konflikten (wie Selbstwertkonflikten oder Schuldkonflikten) an dem Symptom zu arbeiten.

6.8 Der Beziehungsraum: Aufgespaltene Elternbilder, Umgang mit Neid, die Bedeutung der Medien

Im Zusammenhang mit der beruflichen Verunsicherung, der ruminativen Exploration, die bei den Patienten in den Erstgesprächen geschildert wurden (▶ Kap. 5) sind außerdem die aufgespaltenen Elternbilder und unangemessenen Idealisierungen auffällig. Besonders eindrucksvoll wird dies bei Clara deutlich: Der idealisierte leibliche Vater, an den immer noch sehnsuchtsvoll gedacht wird, die gute väterliche Figur in der Familie der Freundin, die eigene »böse« Mutter und die gute Mutter der Freundin. Der Neid scheint ein zentrales Thema zwischen Eltern und »Kindern« zu sein. Der Neid der Eltern auf die Kinder, insbesondere der Neid des Vaters, der gescheitert ist, auf die berufliche Fortentwicklung seiner Kinder, insbesondere der erfolgreichen Töchter, der mit Abwertungen und Zuschreibungen von Inkompetenz, ja Erwarten des Scheiterns verbunden war. Neid ist auch als Gegenübertragungsgefühl zu analysieren, etwa wenn die Therapeutin im Winterpulli mit dem Patienten im sonnigen Süden spricht – im T-Shirt und vor grüner Kulisse – und das bezieht sich sicher nicht nur auf die klimatischen Unterschiede. Neid und Neidabwehr ist aber oft auch bei den Patienten zu beobachten und betrifft den Neid auf die Arbeitskollegen und Kommilitonen und entsprechende Spaltungsprozesse an der Arbeit, im Studium.

In diesem Zusammenhang ist es hilfreich, sich mit Melanie Kleins Konzepten über Neid auseinanderzusetzen (Klein, 1957). Sie beschreibt, dass Neid aus einem Mangel entsteht, und dass er einen Anteil des Verderbenwollens enthält, bei dem, der vermeintlich mehr hat. Positive Aspekte des Neids sieht Melanie Klein durchaus: Die Anstrengung, das Bessermachenwollen, das Mithaltenwollen.

Wir haben gesehen (▶ Kap. 5), dass beeinträchtigte Partnerbeziehungen oft Hand in Hand gehen mit den Arbeitsstörungen. Viele Patienten haben gar keine Partnerbeziehungen, oder nur sehr unverbindliche Gelegenheitsbeziehungen, was relativ typisch für diese Altersgruppe ist (▶ Kap. 3). Die extreme Fixierung auf Probleme und Beziehungen im

Elternhaus fällt bei den Patienten auf. In Therapien kann man manchmal beobachten, wie sich zwar der Beziehungsbereich zu verbessern scheint, aber im Bereich von Arbeit und Leistung doch neue Probleme entstehen (oder alte wieder auftauchen). Wie sehr die Beziehungsentwicklung und die Beziehung zur Arbeit zusammenhängen, und auch Neid eine Rolle spielt, wurde mir bei der folgenden Patientin deutlich. Sie zeigt auch, dass die Probleme mit der Arbeit oftmals letztlich gleichzeitig Beziehungsprobleme sind.

Im Laufe der ersten 24 Stunden der Behandlung der 24-jährigen Katharina, einer Verwaltungsangestellten, stellte sich heraus, dass das familiäre Klima grenzüberschreitend und quasi inzestuös ist (so lagen Anschuldigungen eines geschwisterlichen Missbrauchs vor, die dann doch nicht zutrafen, des Weiteren hatte die Mutter der Patientin mit deren früheren Freund eine Affäre).

Die Behandlung in der ersten Phase zielt stark darauf ab, die Realitäten zu benennen und diesen Wirrwarr der Beziehung zu sortieren, auf den Realitätsgehalt zu prüfen und der Patientin Halt und Begleitung anzubieten in einem kohärenten und stabilen Setting. Die Patientin kann offen über ihre Gefühle des Verrats und der Hilflosigkeit sprechen und nach einer Klärung mit ihrer Mutter kommt es zu einer deutlichen Annäherung zwischen Mutter und Tochter.

Die Patientin hat sich im Laufe der dann folgenden Stunden deutlich stabilisiert und ist seit einem Jahr in einer festen Beziehung zu einem anderen Mann, mit dem sie auch zusammenlebt. Es ist allerdings weiterhin auffällig, dass die Patientin in einem anderen Bereich, dem beruflichen Bereich, viel Unruhe hineinbringt (häufige Wechsel der Arbeitsstellen und problematische Auseinandersetzungen mit ihren Kollegen). Die sehr kompetente Patientin bringt nach einem kurzen positiven Beginn an einer neuen Arbeitsstelle durch ihre Dominanz und Besserwisserei ihre Kollegen gegen sich auf. Da die Arbeit für die Patientin sehr wichtig ist, muss ihr Verhalten nun dringend bearbeitet und hinterfragt werden, inwiefern ihr problematisches Interaktionsverhalten und ihre schwierigen sozialen Beziehungen mit ihren Erfahrungen in ihrer Herkunftsfamilie zusammenhängen.

Junge Erwachsene sind stark mit den neuen Medien beschäftigt. Insbesondere junge Erwachsene mit starkem Medienkonsum in Form von Bildschirmspielen weisen vielfach Defizite in der Identitätsentwicklung und entsprechend eine verzögerte Intimitätsentwicklung im Partnerschaftsbereich auf. Andererseits sind die neuen Medien dazu geeignet, die eigene Identität zu explorieren und sich etwa durch Blogs u. ä. in besonderer Weise darzustellen. In diesen virtuellen Welten entsteht nie Langeweile oder Stillstand. Bei nicht wenigen Patienten findet sich exzessives Computerspiel und Internetnutzung (▶ Kap. 4), während sie ihre Exploration real im Bereich Beruf und Partnerschaft nicht vorantreiben und das »Hotel Mama« nicht verlassen mögen.

Das Handy hat vielfach die Funktion eines Übergangsobjektes, und das Posten der oftmals geschönten und bearbeiteten Bilder zeigt die Suche nach Resonanz, aber auch, dass wir im narzisstischen Zeitalter mit einem hohen Optimierungsdruck angekommen sind (Altmeyer, 2019; Seiffge-Krenke, 2021b). Zu bedenken ist auch, dass insbesondere junge Erwachsene das Internet nutzen, um sich über psychische Probleme und ihre Behandlung zu informieren, also »informierte Patienten« sind. Auch Online-Beratungsdienste werden bereits häufig genutzt.

Es ist wichtig, sich immer wieder zu vergegenwärtigen, dass das Setting mit seiner 1:1-Beziehung, *face to face*, und seiner strengen zeitlichen Limitierung sowohl bezogen auf die jeweiligen Stunden als auch auf die Länge der Therapie und die Art der Interaktion zwischen Therapeut und Patient in einem starken Kontrast zur Alltagswelt der meisten jungen Erwachsenen steht.

6.9 Diversität und kulturelle Einflüsse

Es gibt wohl kaum eine Altersphase, wo wir eine so hohe Diversität haben: Einige junge Erwachsene sind schon in ihrer Entwicklung sehr vorangeschritten und zunehmend erwachsener, andere lassen sich noch komplett im »Hotel Mama« versorgen und finden den Zustand von Semiautonomie wunderbar, weil er ihnen viel Freizeit (z. B. zum Computerspielen) lässt. Wieder andere möchten ihr Leben alleine meistern, tun es auch unter schwierigen Bedingungen und fühlen sich genervt von den sich einmischenden oder unterstützenden Eltern. Viele können ihre beruflichen Interessen relativ lange explorieren, andere müssen sich relativ schnell entscheiden und verfügen nicht über die Ressourcen für eine lange Exploration. Für einige sind feste Partnerschaften ein »No-Go«, aber es gibt auch junge Erwachsene, die schon länger in einer festen Partnerschaft leben und damit unglücklich sind aber den Wunsch nach Veränderung nicht zu denken wagen und stattdessen Symptome produzieren.

Diese Diversität ist auch therapeutisch relevant. Hier ist die therapeutische Differenzierung gefragt, wenn es um Interventionen geht: Ist bei meinem Patienten überhaupt eine Exploration in die Breite möglich? Auch heute noch müssen junge Leute mit niedrigem Bildungsabschluss die Transitionen in einem kürzeren Zeitraum vornehmen, müssen früher Verantwortung übernehmen und haben weniger Zeit für die Exploration verschiedener Identitätsentwürfe. Erlaubt der kulturelle Hintergrund des Patienten eine solche Exploration? Das ist therapeutisch beim Umgang mit Patienten zu bedenken und erlaubt supportive und bestätigende Interventionen. Ebenso gilt für junge Erwachsene mit einer chronischen Erkrankung, dass beispielsweise ihre Berufswahl eingeschränkt ist, sie sich auch in Bezug auf Partnerschaft oftmals früh festlegen (müssen). Auch hier ist für Patienten hilfreich, wenn man ein Stück Trauerarbeit leistet für Manches, was nicht möglich ist und sie auf diese Weise trotzdem in ihrer getroffenen Wahl und Entscheidung unterstützen kann.

Die Fallvignetten (▶ Kap. 5) zeigen, dass der Entwicklungskontext sehr schwanken kann – von extremem elterlichem Involvement zu relativer Vernachlässigung –, und dass auch kulturelle Aspekte berücksichtigt werden müssen. Es ist also immer wieder Differenzierung gefragt: Was ist unseren Patienten auf der Basis der jeweiligen Biografie und im jeweiligen Entwicklungskontext möglich – wo kann ich ihn fördern, wo sollte ich sie begrenzen?

Die Versorgungssituation von Patienten mit Migrationshintergrund ist immer noch relativ schlecht. Kenntnisse über das Versorgungssystem, Stigmatisierung durch eine psychische Erkrankung in der Familie und der erweiterten Verwandtschaft, aber auch abweichende Behandlungserwartungen spielen eine Rolle beim Zögern, psychotherapeutische Hilfe in Anspruch zu nehmen (von Lersner, 2020). Viel Sensibilität ist erforderlich, um nicht unsere westlichen Erwartungen an Individualität und Autonomie im Transitionsprozess selbstverständlich als Therapieziel einzufordern (Belz & Özkan, 2017). Zugleich sind die familiären Bande bei vielen aus kollektivistischen Kulturkreisen kommenden Patienten so stark, dass man es als Gegenüber häufig mit einer Großfamilie zu tun hat, die Einfluss auf das therapeutische Geschehen nimmt, die die Patienten in einen erheblichen Loyalitätskonflikt stürzt und ihre Übertragungsbereitschaft enorm bremsen kann. Auch hier kann es therapeutisch wichtig sein, strukturelle Einschränkungen zu beachten und an der Selbst-Objekt-Differenzierung zu arbeiten: Was ist Teil des Patienten und was Teil seiner Mutter, seines Vaters, seiner Geschwister und Partner?

6.10 Warum ist Abstinenz und analytische Neutralität so wichtig?

In der klassischen Psychoanalyse gehören freie Assoziation des Patienten und gleichschwebende Aufmerksamkeit als zwei Arbeitsprinzipien zusammen und sind durch das Prinzip der Abstinenz verknüpft (Rugenstein, 2019). Der Patient enthält sich in seinen Einfällen der Selbstzensur und der Therapeut enthält sich jeglichen Urteilens. Bei beiden sollte also Sekundärprozesshaftes zurücktreten, damit das Unbewusste des Patienten mit dem Unbewussten des Therapeuten in Kontakt treten kann. Das Niederhalten jeder Kritik, jeder Voreingenommenheit und jeder Parteinahme, so Freud (1900), führt dazu, dass das, was auf den ersten Blick wie Chaos oder Zufall aussieht, auf den zweiten Blick doch streng determiniert ist und einem unbewussten Wunsch, einer unbewussten Fantasie folgt.

Auch in der psychoanalytischen Therapie und der tiefenpsychologisch fundierten Therapie sind Neutralität und Zurückhaltung therapeutische Kompetenzen, die man erlernen muss und die oftmals im Kontrast zu den reziproken Gesprächsangeboten im Alltag stehen: Der Patient darf und soll von sich erzählen, der Therapeut eher nicht. Damit etwas auf der inneren Bühne durchgearbeitet werden kann, sollte man mit eigenen Einfällen und Kommentierungen besonders sparsam umgehen, insbesondere sollte man Kommentare vermeiden, die uns selbst betreffen. Ich habe Weiterbildungskandidaten erlebt, die den Patienten gleich zu Beginn sagten: »Da haben wir ja am selben Tag Geburtstag«, »Da wohnen wir ja im selben Vorort« oder »Auf die Schule/Universität bin ich auch gegangene« u. ä. – vielleicht aus einem missverstandenen Versuch, Nähe und Vertrauen herzustellen.

Abstinenz und analytische Neutralität kann insbesondere dann ein Problem darstellen, wenn die Altersdifferenz zwischen Patienten und Therapeuten gering ist, wenn also Weiterbildungskandidaten, die selbst nur wenige Jahre älter sind, gegenüber den Patienten solche Bemerkungen machen. Man sollte sich also als Therapeut nicht aufdringlich ins Spiel bringen. Jürgen Körner hat auf das unglückliche Bestreben mancher Therapeuten, sich immer wieder ins Spiel zu bringen, aufmerksam gemacht (Körner, 2020). Bedenken wir, dass viele der Patienten aus Elternhäusern mit intrusiven Eltern kommen, die Patienten werden also sehr sensibel auf alles reagieren was sie als »zu eng«, »zu übergriffig« erleben. Zurückhaltung ist von therapeutischer Seite immer gefordert, aber besonders gegenüber jungen Erwachsenen mit intrusiven Elternbeziehungen. Ich werde darauf noch in Kapitel 7 genauer eingehen (▶ Kap. 7).

6.11 Die therapeutische Beziehung: Bindung, Helikopter-Therapeuten und Umgang mit Rettungsfantasien

Ich möchte daran erinnern, dass bei allen wichtigen Entwicklungsschritten, dem Auszug aus dem Elternhaus, der Neukonzeptualisierung der Identität und der Entwicklung von Partnerbeziehungen, die Bin-

6.11 Die therapeutische Beziehung

dung eine herausragende Rolle spielt. Die bereits geschilderten Befunde (▶ Kap. 2, ▶ Kap. 3) beziehen sich auf klinisch unauffällige junge Erwachsenen, bei denen in der Regel 50 % eine sichere Bindung aufweisen. Im klinischen Kontext haben wir es nur noch mit rund 10 % der Patienten zu tun, die eine sichere Bindung aufweisen (Buchheim, 2018). Man kann nun ermessen, welche Bedeutung dem Bindungs- und Beziehungsaufbau in der Therapie zukommt. Zugleich ist zu bedenken, dass viele Patienten Beziehungserfahrungen gemacht haben, in denen sie nie Zuverlässigkeit, Beständigkeit und Kohärenz erfahren haben. Insofern ist die therapeutische Beziehung für manche Patienten die erste Möglichkeit, eine sichere Bindungsbeziehung und gegenseitige Verpflichtung zu erleben und in einem geschützten Raum zu explorieren. Auch aus diesen Gründen kommt einem stabilen Rahmen eine herausragende Bedeutung zu.

Therapeutisch kann es eine wichtige Frage sein, wie viel Unterstützung der Patient erfahren soll und wie viel Konfrontation, Klarifikation und aufdeckendes Arbeiten notwendig ist. In der psychodynamischen Literatur hat ganz allgemein die therapeutische Beziehung mehr und mehr an Bedeutung gewonnen (Körner, 2020). Die therapeutische Arbeit stützt sich auf Beziehungsfaktoren wie Halten und In-sich-Bewahren (»holding« und »containing«) mit dem Ziel, dem Patienten eine emotionale Neuerfahrung zu ermöglichen.

Kohut (1977) hat die psychoanalytische Methode definiert als die ständige Empathie für das innere Leben der Patienten und ihrer Übertragungsgefühle. Die freie Assoziation und die Analyse von Abwehr seien letztlich Methoden, um diese Introspektion und Empathie möglich zu machen. Er weist darauf hin, dass, wenn der Therapeut nicht emotional involviert ist, die Behandlung keinen erfolgreichen Fortgang nehmen wird. Gerade bei traumatisierten und ich-strukturell gestörten Patienten, die im Sprechen und Denken desorganisiert sind, ist es eine wichtige Funktion des Therapeuten, sich einzufühlen, die Affekte und Erlebnisse aufzunehmen, zu benennen und die Kohärenz und Bedeutungshaftigkeit wiederherzustellen (Bion, 1962). Daher spielt in der Behandlungstechnik bei früh gestörten und traumatisierten Patienten im jungen Erwachsenenalter die Vermittlung von Einsicht im Vergleich zu neurotischen Patienten eine untergeordnete Rolle. Es ist vielmehr unabdingbar für das psychische Wachstum, dass Patienten die Erfahrung des Verstandenwerdens machen können.

Junge Menschen heute sind teilweise an eine »Überversorgung« durch die Eltern gewöhnt. Aus therapeutischer Sicht entsteht oftmals die Frage, wie viel Unterstützung angemessen ist und an welcher Stelle weniger Unterstützung eher ein autonomes Funktionieren ermöglicht. In der Übertragung können regressive Abhängigkeitswünsche deutlich werden, die gedeutet werden sollten, zugleich muss man aber immer wieder sein supportives Verhalten hinterfragen.

Die Erwartung an versorgende Angebote, die Patienten an uns richten, kann zu einer ziemlichen Erschöpfung beim Therapeuten führen und wir müssen uns fragen, wie wir damit technisch umgehen. Es kann besonders schwer sein, die negative Übertragung zu bearbeiten.

> Abdullah hatte seinen Therapeuten schon zu Beginn viel abverlangt und der Therapeut war bereit, für ihn das Beste zu tun, ihm zu helfen. Das machte sich nicht nur in einer enormen therapeutischen Anstrengung während der Stunden bemerkbar, sondern auch in der ständigen Bereitschaft des Therapeuten, bei Ausfall und Verschiebung immer flexibel auf den Patienten eingehen zu müssen. Wenn ein Feiertag auf die Stunde fiel, war er beispielsweise sofort bereit, diese auf einen anderen Tag zu verschieben. Allmählich fühlte sich der Therapeut in die Enge getrieben und ausgehöhlt und hatte die Fantasie, einen praktischen Grund zu erfinden, um die Therapie abzubrechen. Die Bearbeitung der negativen Übertragung und Gegenübertragung wurde aber erst möglich am Ende der Therapie, als das Aufschieben, das Lügen und die Rettungsfantasien des Patienten wirklich deutlich wurden.

Rettungsfantasien tauchen in Therapien von Jugendlichen sehr häufig auf (Seiffge-Krenke, 2020b) und bestehen auch bei jungen Erwachsenen, werden aber oft schamhaft verschwiegen.

> Abdullah hat seinem Therapeuten lange verborgen, dass er Arbeitsstörungen hatte und seine Prüfungen nicht machte, er verführte den Therapeuten dazu in einer Mischung aus Lügen, Verleugnung, nicht

6.11 Die therapeutische Beziehung

genauer nachzufragen und sich stattdessen mit anderem »spannenderem Material« zufriedenzugeben. Schließlich wurde deutlich, dass er eine Rettungsfantasie hatte, die ihm erlaubte, weiterhin passiv zu sein.

Der Patient konnte mittlerweile seine Gefühle besser wahrnehmen und sich Objekten gegenüber mehr abgrenzen, die bewusstere Wahrnehmung der Realität löste beim ihm Traurigkeit aus. In einer Sitzung sagte er: »Haben Sie keinen Zauberstab, um schnell und ohne Schmerz meine Traurigkeit wegzuzaubern?« Er habe in seiner Kindheit davon geträumt, dass eines Tages alles anders sein würde und er niemanden bräuchte, weil er wichtig und unabhängig, reich und gebildet, froh und sorgenlos sein würde. Nur durch solche Größenfantasien hatte er seine bittere Realität aushalten können.

Allerdings zeigte sich dann zum Ende der Therapie, dass sich Abdullah trotz seiner gewachsenen Fähigkeit zur Selbstreflexion im Grunde vor der Bearbeitung seines Kernproblems gedrückt hatte. Dieses kristallisierte sich mit dem Näherrücken der Abschlussprüfung heraus. Er hoffte, dass der Therapeut ihm eine Bescheinigung ausstellte, damit er die Prüfung verschieben konnte, was dieser nicht tat.

Es ist wichtig durchzuarbeiten, dass weder die Therapie noch der Therapeut omnipotente Retter sind, so wie die Patienten es in ihrer Illusion gestalten. Wir sehen, dass die Rettungsfantasien oft mit einer idealisierenden Übertragung einhergehen können. Eine »optimale Desillusionierung« ist notwendig. Zugleich sollte der Therapeut dem Patienten deutlich machen, in welche Richtung er glaubt, dass dieser sich verändern muss, und zugleich das Vertrauen signalisieren, dass der Patient diese Veränderung tatsächlich vollziehen kann. Der Therapeut sollte eine Atmosphäre von Vertrauen, emotionaler Sicherheit und Akzeptanz im Sinne einer »holding environment« (Winnicott, 1965) schaffen. Erst unter diesen Bedingungen kann man die exzessiven Hoffnungen des Patienten nach und nach frustrieren und die Realitäten benennen.

Zusammenfassung

Patienten aus der Altersphase des »emerging« adulthood sind eine hoch diverse Gruppe und es gibt einige Besonderheiten in der therapeutischen Technik. Die hohe Mobilität der Patienten macht Anpassungen im Rahmen und in der Indikation notwendig, es ist essenziell, dass Therapeuten Flexibilität und Stabilität des Rahmens reflektieren. Identitätsprobleme können häufig auftreten, es ist aber zwischen intrapsychischen entwicklungshemmenden Identitätskonflikten und strukturellen Defiziten wie einer Identitätsdiffusion zu unterscheiden. Da die Ablösung vom Elternhaus ein weiteres zentrales Thema ist, sind auch Autonomieschuld, Loyalitätskonflikte und Neid zu bearbeiten, u. a. auch in der begleitenden Arbeit mit den Eltern. Abstinenzfragen sollten reflektiert werden, denn die Vielzahl zu lösender alltagspraktischer Probleme kann zu viel Unterstützung von therapeutischer Seite verführen und damit ein elterliches Muster fortsetzen. Die neuen Medien spielen auch in der Therapie eine Rolle und die Bearbeitung narzisstischer Phänomene einschließlich der Trauerarbeit, dass nicht alles möglich ist, ist sinnvoll.

Literatur zur vertiefenden Lektüre

Belz, M. & Özkam, I. (2017). *Psychotherapeutische Arbeit mit Migranten und Geflüchteten.* Göttingen: Vandenhoeck & Ruprecht.
Körner, J. (2018). *Die Psychodynamik von Übertragung und Gegenübertragung.* Göttingen: Vandenhoeck & Ruprecht.
Körner, J. (2020). *Die Kunst der Deutung und die Macht der Beziehung.* Göttingen: Vandenhoeck & Ruprecht.
Lehmkuhl, G., Resch, F. & Herpertz, S. C. (Hrsg.). (2015). *Psychotherapie des jungen Erwachsenenalters.* Stuttgart: Kohlhammer.
Seiffge-Krenke, I. (2017). *Widerstand, Abwehr und Bewältigung.* Göttingen: Vandenhoeck & Ruprecht.
Teising, M. (2017). *Selbstbestimmung zwischen Wunsch und Illusion.* Göttingen: Vandenhoeck & Ruprecht.

6.11 Die therapeutische Beziehung

Weiterführende Fragen

- Wie sind die therapeutische Versorgung und eine kontinuierliche gemeinsame Arbeit bei häufigen Umzügen und Wechseln zu realisieren?
- Ist es sinnvoll, sich in »kulturell bunten« Qualitätszirkeln zusammen zu schließen, um ein besseres Verständnis für Patienten und ihre Familien aus anderen kulturellen Kontexten zu bekommen?
- Gibt es Geschlechtsunterschiede, d. h. wäre für diese Patientin nicht ein männlicher Therapeut besser gewesen?
- Ab wann sollten Explorationen begrenzt werden, was sind die Anzeichen für eine ruminative Exploration?
- Wie gehen wir mit relativ späten Wünschen nach einem veränderten Körper (Trans*gender) um?
- Warum ist es so schwer, Unterstützung zurückzufahren und negative Übertragungsaspekte anzusprechen?

7 Warum ist Arbeit mit Eltern und Partnern sinnvoll?

Mit den Angehörigen der Patienten wird bislang selten gearbeitet. Ich bin bereits auf die längere Beelterung und die Probleme der Eltern eingegangen (▶ Kap. 3). Es ist mir ein besonderes Anliegen, in der Arbeit mit den jungen Erwachsene Sensibilität und Empathie für die oftmals durchaus schwierige Situation ihrer Eltern zu wecken und die Eltern zu stützen, aber auch korrigierend einzugreifen, wenn dysfunktionales Elternverhalten (wie zu lange und unangemessene Unterstützung, oder Trennungsangst der Eltern) das Erwachsenwerden ihrer Kinder behindern. Obwohl bei jungen Erwachsenen bislang keine Elterngespräche vorgesehen sind, kann im Zuge der Reform des Psychotherapeutengesetzes 2019 und der Neuordnung der Weiterbildung 2022 (MWBO) durch ein verändertes Verständnis der neuen Entwicklungsphase die Möglichkeit der Gespräche mit Angehörigen bzw. Partner aktiver aufgegriffen werden als dies bisher der Fall war. Ich möchte dazu ermutigen, wobei der Bedarf in Bezug auf Gespräche mit den Eltern besonders deutlich wurde.

Es kann Klärungsbedarf vorliegen, denn Eltern sind sehr viel stärker an ihren erwachsenen Kindern interessiert als diese an ihren Eltern (Buhl & Lanz, 2007). Die Patienten sind vielfach noch bis zum Ende ihrer Ausbildung, ungefähr bis zum 24. Lebensjahr, bei den Eltern mitversichert. Es mag ihnen auch an Empathie für die Brüchigkeit und Belastungen im Leben der Eltern fehlen. In Beratung und Therapie ist die Vermittlung von Kenntnissen wichtig, in die möglicherweise auch die Eltern oder Partner des Patienten, der Patientin einbezogen werden könnten. Allerdings: Zwar hängt viel vom familiären Kontext ab, aber es sind auch enorme gesellschaftlichen Barrieren da, deren Beseitigung nicht in der Macht des einzelnen und seiner Familie steht.

7.1 Autonomiebestrebungen der »Kinder«, zu viel Unterstützung und Separationsängste der Eltern

Wie an den Beispielen der Patienten bereits (▶ Kap. 5) deutlich wurde, scheinen Eltern-Kind-Beziehungen von großer Bedeutung für die Erklärung der Psychopathologie zu sein. Wir sehen natürlich nicht nur Patienten, die für den Selbstwert und die Beziehung ihrer Eltern wichtig sind und die von ihnen (über-)versorgt werden. Es gibt auch heute noch zahlreiche Patienten, die aus einem sehr vernachlässigten Milieu stammen und die dann von der derzeitigen üblichen Mobilität regelrecht »überrollt« und verunsichert werden.

Für Psychotherapeuten kann es bei der Einschätzung der Krankheitswertigkeit hilfreich sein, sich zu vergegenwärtigen, in welcher Weise sich Eltern-Kind-Beziehungen in den letzten Jahren verändert haben (Seiffge-Krenke & Schneider, 2012) und mit welchen Übertragungskonstellationen man rechnen muss. Die meisten jungen Menschen in dieser Entwicklungsphase sind nicht in der Lage, vollständige Autonomie zu erreichen, da sie, zumindest in der Ausbildungs- und Studienzeit, in einem starken finanziellen Abhängigkeitsverhältnis zu ihren Eltern stehen. Belastungen wie steigende Mietpreise und Lebenshaltungskosten oder Studiengebühren sind ohne finanzielle Unterstützung kaum zu bewältigen. Junge Erwachsene übernehmen damit nur partiell Verantwortung für ein eigenständiges Leben und erreichen einen Status der Semiautonomie. Zwischen 10 und 30 % aller jungen Erwachsenen sind aufgrund finanzieller, partnerschaftlicher oder beruflicher Probleme mindestens einmal wieder bei den Eltern eingezogen (Seiffge-Krenke, 2016a), und unter Corona-Bedingungen ist dieser Prozentsatz weiter gestiegen. Diese Zahlen verdeutlichen, dass junge Leute zwar versuchen, die Verantwortung für ihr Leben zu übernehmen, diese jedoch angesichts von schweren Belastungen zum Teil auch wieder abgeben.

Ich habe in Kapitel 2 verdeutlicht, dass viele Studien zeigen (▶ Kap. 2), dass Eltern den Ablösungsprozess zu ängstlich und überbesorgt begleiten und damit regelrecht als »Identitätsbremse« wirken (Seiffge-Krenke, 2022) und damit den Transitionsprozess verlängern können. Um diese

Eltern geht es uns im therapeutischen Kontext: Unsichere Bindungsmuster und eine zu lange Unterstützung durch die Eltern lässt Kinder zu »Nesthockern« oder Spätausziehern werden (von Irmer & Seiffge-Krenke, 2008). Auch manipulative Strategien und psychologische Kontrolle als Erziehungsprinzipien haben stark zugenommen, mit nachteiligen Auswirkungen. Solche Prozesse sind schon früh in Problemfamilien beschrieben worden (Richter, 1963; Winnicott, 1965), scheinen aber inzwischen bei einer erheblichen Anzahl von »normalen« Familien vorzukommen. Die Frage, »Was ist noch normal?« (Seiffge-Krenke & Escher, 2018)) ist also auch in Bezug auf das Elternverhalten eine wichtige geworden.

> Dies wird auch in dem Buch *Die Liegenden* von Serra (2014, S. 58) karikierend aufgegriffen, wenn etwa ein Bekannter der Familie ausruft: »Das ist die erste Generation, bei der die Alten arbeiten und die Jungen schlafen«. Er bezieht sich auf die nächtlichen Ausflüge des Sohnes, der entsprechend dann bis zum Mittag schläft, während sein Vater, nachdem er die Wäsche gemacht und die Küche aufgeräumt hat, zur Arbeit geht. In dem Buch beeindruckt ebenfalls, wie der Vater bei seinem Sohn, der kaum den Blick von den diversen Displays wendet, um Aufmerksamkeit wirbt und welche Strategien er verwendet, den Sohn zu motivieren. Von »Ich bezahl dich auch dafür, wenn du«…«, »Wieviel willst du haben? Soll ich es dir bar geben oder überweisen?« über »Tue es bitte mir zuliebe« bis hin zu kurzen autoritären Ausbrüchen ist die ganze Palette von intrusiven und manipulativen elterlichen Strategien enthalten.

Auch die Separationsangst von Eltern, ein Phänomen das zunächst nur in Problemfamilien mit kleinen Kindern beobachtet wurde (Mahler et al., 1975), ist inzwischen in vielen Familien mit (klinisch unauffälligen) jungen erwachsenen Kindern nachgewiesen worden.

7.2 Elterlicher Separationsangst begegnen

Ein wichtiges Phänomen, das zunächst nur für klinisch auffällige Familien galt, ist inzwischen auch deutlich häufiger in der »Normalbevölkerung« verbreitet: Die Separationsangst von Eltern. Dieses Phänomen war, wie erwähnt, zunächst nur bei klinisch auffälligen Müttern mit kleinen Kindern bemerkt worden (Mahler et al.1975). Inzwischen fand man bei der Untersuchung von Normstichproben, dass beide Eltern, Mütter wie Väter, verstärkt auf den Auszug und Autonomiebestrebungen der »Kinder« reagieren und mit psychologischer Kontrolle die Nähe zum Kind wiederherstellen. Kins et al. (2011) untersuchten an einer nicht-klinischen Stichprobe, ob eigene Ängste der Eltern (»separation anxiety«) die Identitätsentwicklung der (erwachsenen) Kinder beeinträchtigten. In der Tat waren die elterlichen Trennungsängste einer der Hauptfaktoren, die verantwortlich war für die Zunahme von elterlicher psychologischer Kontrolle, um die Exploration des Kindes in Richtung auf eine eigenständige Identität und zunehmende Autonomie zu verhindern

> Bei der 22-jährigen Sidonie werden die elterlichen Trennungsängste besonders deutlich. Zum einen ist zunächst zu bemerken, dass die Familie, insbesondere der Vater, die beruflichen Pläne seiner jüngeren Tochter (ihr Medizinstudium) ständig abwertet und ihr ein potenzielles Scheitern vor Augen führt. Er selbst hat sein Examen als Mediziner nie abgeschlossen. Die ältere Schwester, die eine Lehre als Bankkauffrau abgeschlossen hat, wird von beiden Eltern als leuchtendes Beispiel hingestellt. Aber auch Explorationen im partnerschaftlichen Bereich werden mit Misstrauen und Kontrolle verfolgt. Beide Eltern fragen Sidonie bezüglich ihrer Sexualität unangemessen aus und verweigern ihr die Anschaffung eines breiten Bettes (»90 cm Jungmädchenbett sind genug!«). Das Problem um das große Bett wird schließlich so »gelöst«, dass die Eltern darauf bestehen, dass sie weiterhin in ihrem schmalen Jungmädchenbett schläft. Sie kaufen ihr stattdessen einen Fernseher für ihre Studentenbude.
> Alle Autonomieversuche der Tochter werden torpediert. Die Eltern fordern häufige Telefonate und Wochenendbesuche vom Stu-

dienort ins Elternhaus und reagieren mit Panik, wenn die Tochter sich mal länger nicht meldet oder nicht zuhause erscheint. Sidonie hat eine sehr kühle, nicht berufstätige Mutter, die den Autonomiebestrebungen ihrer Tochter skeptisch gegenübersteht und anklagende Telefongespräche führt, in denen sie die Tochter nach Hause beordert und intrusiv ausfragt. Der Vater scheint ödipal noch sehr an die Tochter gebunden, obgleich er sie im manifesten Verhalten massiv abwertet und ihre beruflichen Pläne ständig kritisiert. So behauptet er, nachdem sie eine Klausur um wenige Punkte verfehlt hat, dass sie bei der Wiederholungsprüfung sicher wieder scheitern wird. Der Vater scheint unter der Trennung zu leiden und schläft in ihrem Zimmer in ihrem Bett, wann immer die Tochter für ihr Studium an ihrem Studienort ist.

Ferien sind ebenfalls mit dem »Kind« geplant; die Tochter erfährt überrascht, dass sie am Urlaubsort im Schlafzimmer der Eltern schlafen soll. Als Sidonie sich weigert, fahren die Eltern allein und streiten während des ganzen Urlaubs. Die Funktion des Kindes als Selbstobjekt der Eltern in der Funktion, die zerrüttete Ehe der Eltern zu neutralisieren oder zu stabilisieren, ist offenkundig.

Dies sind folglich Punkte, die man in der begleitenden Elternarbeit mit den Eltern ansprechen kann: Inwieweit die Autonomie des »Kindes« die familiäre Dynamik verändert, wie die Eltern denken, die lange Phase der nachelterlichen Gefährtenschaft (▶ Kap. 2) zu gestalten. Diese Gespräche sollten vom Verständnis für die neuen Entwicklungen aus Elternsicht getragen sein.

Es ist durchaus erlaubt, darauf hinzuweisen, dass sich elterlichen Trennungsängste und ein Zunehmen von elterlicher psychologischer Kontrolle in vielen Ländern, so auch in Deutschland nachweisen lassen, mit sehr nachteiligen Auswirkungen auf die Identitätsentwicklung (Seiffge-Krenke & Escher 2018). Diese Ergebnisse unterstreichen, dass es unter den heutigen Lebensbedingungen bei gestiegenem Wert der Kinder besonders schwierig für Eltern ist, Bedingungen zu schaffen, die es ihren Kindern erlauben, Selbstkohärenz und Selbstwirksamkeit zu erfahren und ihre Partnerschaftsentwicklung voranzutreiben. Die Eltern scheinen als Identitätsbremse zu wirken und besonders bei Frauen und

Mädchen die berufliche und die Partnerschaftsentwicklung stärker zu kontrollieren und zu reglementieren (Seiffge-Krenke 2017b).

7.3 Warum kann es sinnvoll sein, den Vater zu sehen?

In den psychotherapeutischen Praxen und in der stationären Versorgung sehen wir viele Patienten, die aus Trennungsfamilien stammen. Häufig haben diese Patienten nur wenig Beziehungen zu den abwesenden Vätern. Hier kann oft ein Wunsch entstehen, die »Leerstelle Vater« zu füllen und einen Kontakt zum Vater anzubahnen. Ich denke, wir sollten diesen Wunsch sehr ernst nehmen und die Patienten in diesem Wunsch unterstützen. Es ist auch ein Dreiergespräch mit dem Therapeuten, dem Patienten und dem Vater denkbar, um starke Affekte wie Enttäuschung, Wut, Verlassenheitsgefühle aufzufangen und einen produktiven Neubeginn zu ermöglichen.

Patienten haben nicht nur oft abwesende Väter, sondern auch desinteressierte oder gewalttätige Väter. Bereits 1997 hat Marga Kreckel ein Buch zum Thema »Macht der Väter, Krankheit der Söhne« verfasst, in der es um die Macht des Vaters und die Ohnmacht der Kinder (insbesondere der Söhne) geht mit den Folgen von zahlreichen psychischen und körperlichen Symptomen. Obgleich sich dieses Buch vor allem auf das Machtmodell der väterlichen Beziehung zum Kind bezieht das heute in dieser Form so überwiegend nicht mehr gültig ist, müssen wir doch bedenken, dass solche Väter durchaus noch vorkommen können bei Patienten, die zu uns in Behandlung kommen, insbesondere wenn man dies unter kultureller Perspektive betrachtet. Aber auch die Studien aus Deutschland zeigen neben nicht involvierten, fassadären und auf ihre Arbeit fixierten Vätern noch einen gewissen Anteil autoritärer Väter (Seiffge-Krenke, 2016); nur ein geringer Prozentsatz von 9–30 % ist zu den egalitären Vätern mit partnerschaftlicher Rollenverteilung und starkem Engagement in der Kindererziehung zu rechnen.

Der Vater scheint in der Jugend für den Sohn eine große identitätsstiftende Wirkung zu haben, die lange in der weiteren Entwicklung Wirkung zeigt. Unsere Forschungsergebnisse bestätigen das: So geben junge Erwachsene, die die Beziehung zu ihrem Vater im Jugendalter als distanziert oder negativ erlebt haben, knapp zehn Jahre später eine höhere Symptombelastung an als junge Erwachsene, die eine durchschnittliche Vater-Sohn-Beziehung im Jugendalter berichteten (Escher & Seiffge-Krenke, 2013). Es ist daher relevant für uns als Psychotherapeuten, sich mit dem Jugendalter und der Vater-Kind-Beziehung im Jugendalter der Patienten und ihrem gegenwärtigen Kontakt zu beschäftigen.

Die Erwartung, ein Spiegel des Vaters zu werden, ist besonders für Söhne oft problematisch. Wir haben in mehrere Fallbeispielen gesehen, dass die Väter eine (berufliche) Identität erwarten, die der ihren gleicht. In mehreren vorgestellten Fallbeispielen in Kapitel 5 und 6 (Daniel, Anna, Duyglu, Sidonie, Dorothea) wurde deutlich, dass die Selbst-Objekt-Differenzierung vom Vater zu bearbeiten ist: Inwiefern ist der Patient anders als sein Vater und darf es auch sein?

Wie kommt es, dass Väter bei jungen Erwachsenen für die Psychodynamik der aktuellen Konflikte eine größere Rolle zu spielen scheinen als die Mütter? Vermutlich ist der Fokus auf der beruflichen Identität eine Frage, die eher im Kontext der Beziehung zum Vater als Modell auftaucht, weil Väter für die berufliche Orientierung der »Kinder« (Seiffge-Krenke, 2016b) wichtig erscheinen– und dies trotz zunehmender mütterlicher Berufstätigkeit. Väter scheinen immer noch stärker ein Modell für Autonomie zu sein und sie fördern auch Autonomie stärker als Mütter.

Wenn wir die geschilderten Fälle und Behandlungen (▶ Kap. 5, ▶ Kap. 6) Revue passieren lassen, fällt eines sofort ins Auge: Mit Blick auf die Eltern gibt es einerseits ablehnende, wenig oder zu viel unterstützende Mütter, aber vor allem involvieren die Väter sich stark und machen klar, in welche Richtung die Entwicklung ihres »Kindes« gehen sollte. Diese Muster findet sich auch auf internationaler Ebene: Deutsche Mütter sind besonders unterstützend, aber auch ängstlicher, deutsche Väter üben besonders viel psychologische Kontrolle aus, im Vergleich zu Eltern junger Erwachsener in Peru, Polen, der Türkei, Griechenland, Pakistan und Frankreich (Seiffge-Krenke et al., 2018).

War es früher so, dass nur die Söhne den »Segen« des Vaters benötigten, so scheinen es heute eben auch die Töchter zu sein, die sich vom Vater liebevolle Unterstützung ihrer Erkundungen und Explorationen sowie Akzeptanz für ihre Entscheidungen erwarten – auch wenn der Vater ganz anders lebt und arbeitet. Die Väter bei den dargestellten Patienten sind also alles andere als ein gutes Modell für Autonomie, und vielleicht wären die Töchter da besonders darauf angewiesen. Es ist schon auffällig, dass wir es bei den Fallschilderungen überwiegend mit sehr tüchtigen Töchtern zu tun haben. Ich habe in meinem Mädchenbuch (Seiffge-Krenke, 2017b) die Gefahren einer zu starken Identifizierung mit dem Vater herausgearbeitet, auf die Bedeutung der Doppelidentifizierung mit Mutter und Vater und die Bedeutung des neuen Objekts Therapeut hingewiesen, besonders bei Mädchen und Frauen.

7.4 Verständnis für das »Kind« aufbauen und an der Selbst-Objektdifferenzierung arbeiten

Aufgrund der Veränderungen in den familiären Entwicklungsphasen ist inzwischen die nachelterliche Gefährtenschaft zu der längsten familiären Entwicklungsphase geworden (▶ Kap. 2)). Demgegenüber verbringt das Elternpaar mit den Kindern eine deutlich geringere Zeit im gleichen Haushalt – auch heute noch. Das durch Irritationen wegen der Exploration des »Kindes« und die eigene Separationsangst bedingte elterliche Verhalten von Intrusion, Abwertung und Kontrolle ist in den meisten Fällen den Eltern bezüglich möglicher schlimmer Auswirkungen auf die »Kinder« gar nicht bewusst. In der Elternarbeit kann man für die Folgen sensibilisieren.

> In Bezug auf die Patientin Sidonie (▶ Kap. 5) wurde deutlich, dass der interfamiliäre Leistungsdruck sehr hoch ist und rigide an einem ganz bestimmten, nicht zeitgemäßen Lebensmodell festgehalten wur-

de. Die seit vielen Jahren bestehende partnerschaftliche Problematik der Eltern, Versagens- und Existenzängste der beiden, ihre Erwartungshaltung und ihre Inflexibilität, ließen den Aufbau einer fürsorglichen und stützenden Beziehung gegenüber der eigenen Tochter nicht zu. Die mit ihr konkurrierende Mutter, der nicht den Erfolg gönnende Vater, erschwerten die psychische Entwicklung von Sidonie. So ist es nicht verwunderlich, dass die Patientin Schwierigkeiten hat, ein Konzept des eigenen Selbst zu entwickeln und dementsprechend ihr Leben ohne Selbstzweifel, Versagungsängste und depressive Verstimmungen aufzubauen. Ihre Beziehungen zu Männern sind deutlich beeinträchtigt.

Insbesondere im ersten Behandlungsabschnitt zeigte sich deutlich, dass die Patientin sich dem von der Herkunftsfamilie übertragenen Leistungsdruck stark ausgesetzt fühlte. Das Nichtbestehen einer Prüfung erzeugte in ihr Gefühle zu versagen und zu scheitern. Die Angst möglicherweise die Geschichte ihres Vaters zu wiederholen und seiner Erwartungshaltung bezüglich der Leistungen entsprechen zu müssen, waren zu diesem Zeitpunkt sehr präsent. Vom Rest der Familie (Mutter, Schwester und anderen Verwandten) erfuhr sie ebenfalls keinen Zuspruch, ließ sich durch ihre Kommentare schnell verunsichern und daran zweifeln, das passende Studium/Lebensmodell gewählt zu haben. Das Desinteresse der Eltern an ihrem Leben. erzeugte in ihr zuerst tiefe Traurigkeit, zum späteren Behandlungszeitpunkt auch Wut darüber, nicht genügend emotionale Fürsorge und Bestätigung von ihnen erfahren zu haben.

Dabei steht man manchmal vor großen Hürden und kann auch wahrnehmen, wie wenig Einfühlung manche Eltern für das Leid ihrer Kinder haben, teilweise auf Grund von eigenen Problemen. Wir haben Duyglu schon kennengelernt mit ihrer großen Familie und den unklaren Familiengrenzen.

Zu dem geplanten Elterngespräch mit der Mutter erscheint eine Verwandte. Die Therapeutin ist zunächst verwirrt; die Grenzüberschreitungen bzw. die Ersetzbarkeit eines jeden Familienmitglieds wird nochmals deutlich. Die Verwandte der Mutter versorgt die Familie teilweise, mischt sich in alle Angelegenheiten und erschien daher auch zum »Elterngespräch«. Kurz danach gelingt es dennoch, die Mutter von Duyglu zu sprechen. Im Elterngespräch klagt sie über eine schlechte Gesundheit und schildert zahlreiche Operationen, sie nimmt den ganzen Raum ein, spricht nur über sich selbst und bagatellisiert die Erkrankung ihrer Tochter. Sie habe zwar »früher« Probleme mit ihrem Ehemann gehabt, aber mittlerweile sei alles wieder gut und die Kinder hätten von alldem nichts mitbekommen. Die Mutter ist traditionell gekleidet, seufzt oft und vergleicht sich mit ihrer Tochter. Duyglu habe viele Freiheiten. Ihre eigenen Eltern seien dagegen sehr streng mit ihr gewesen. Sie habe nicht einmal Freundinnen haben dürfen. Die Ehe sei für sie eine Flucht aus dem Elternhaus gewesen. Obwohl es eine Liebesheirat war, habe sie erst in der Ehe gemerkt, dass sie mit ihrem Mann nicht auf einer Wellenlänge sei. Ihr Ehemann sei »anders« sozialisiert als sie; er sei strenger.

Wir sehen hier deutlich, dass eine Aufgabe darin bestehen könnte, mit den Eltern, insbesondere der Mutter, an der Selbst-Objekt-Differenzierung zu arbeiten und auch den Neid zu bearbeiten, ganz ähnlich wie wir es für die Arbeit mit dem Patienten bereits kennengelernt haben.

7.5 »Hotel Mama« und das »Nesthockerphänomen«

Wir haben in Deutschland mit einer Rate von rund 30 % »Nesthockern« noch keine besorgniserregend hohen Zahlen erreicht, besonders, wenn man bedenkt, dass zuhause wohnen zu bleiben oft aus ökonomischen Gründen und unter Corona-Bedingungen verstärkt geschieht. Dennoch gibt es Hinweise, dass Eltern den Ablösungsprozess zu ängstlich und überbesorgt begleiten und damit regelrecht als »Identitätsbremse« wirken können (Seiffge-Krenke, 2021a). Bestimmte elterliche Erziehungsstile und Bindungsmuster können zu einem besonders verlängerten Übergang führen. So zeigen eigene Längsschnittstudien, dass unsichere Bindungsmuster und eine zu lange Unterstützung durch die Eltern Kinder zu »Nesthockern« oder Spätausziehern machen (von Irmer & Seiffge-Krenke, 2008). Wir fanden in unserer Studie, dass Eltern von späteren »Nesthockern« die Kinder über die gesamte Jugendzeit und bis ins junge Erwachsenenalter unangemessen lange emotional und praktisch unterstützten (Seiffge-Krenke, 2010). Demgegenüber reduzierten Eltern von später zeitgerecht ausziehenden Kindern ihre Unterstützung drastisch, wenn die Kinder das Jugendalter erreichten.

Das geschilderte Beispiel aus dem Buch »Die Liegenden« illustriert anschaulich die zu starke Unterstützung und Überversorgung, in dem Fall durch den Vater. »Hotel Mama«, das sollte allerdings berücksichtigt werden, ist eine Lebensform, die insbesondere in den südeuropäischen Ländern wie Italien, Spanien und Griechenland immer schon verbreitet war und auch gegenwärtig noch verbreitet ist. Dies hängt einerseits mit engeren Familienbanden zusammen, andererseits mit dem Mangel an Wohnmöglichkeiten außerhalb der Familie für junge Erwachsene, etwa in Form von Studierendenwohnheimen u. ä. Oftmals ziehen die jungen Leute in diesen Ländern erst mit dem Beginn der Berufstätigkeit (d. h. der finanziellen Autonomie) bzw. der Heirat aus.

In den deutschsprachigen Ländern war bis etwa 1990 das Bestreben sehr stark, möglichst nach Schulabschluss auszuziehen Dies hat sich nachhaltig geändert, nicht nur aus ökonomischen Gründen. In den letzten Jahren hat es einen gesellschaftlichen Wandel mit einem immer stärker zunehmenden Wert von Kindern gegeben. Medial werden Kinder als gelungene Selbstobjekte inszeniert (Seiffge-Krenke & Schneider, 2012). Auch manipulative Strategien und psychologische Kontrolle als Erziehungsprinzipien haben, wie bereits geschildert, stark zugenommen, mit nachteiligen Auswirkungen auf die Identitäts- und Autonomieentwicklung. Diese Eltern üben Druck auf das Kind aus, indem sie in ihm Schuldgefühle wecken oder manipulative Strategien anwenden, um das Kind zu einem Verhalten in ihrem Sinne zu bewegen. Solche Prozesse sind schon früh in Problemfamilien beschrieben worden (Richter, 1963; Winnicott, 1965) scheinen aber inzwischen bei einer erheblichen Anzahl von »normalen« Familien vorzukommen. Luyckx et al. (2008) haben in einer Längsschnittstudie an jungen Erwachsenen und ihren Eltern belegt, dass, wenn junge Erwachsene verstärkt explorieren, Eltern mit einer Zunahme psychologischer Kontrolle reagieren. Diese psychologische Kontrolle reguliert die Nähe zu den Eltern und bringt das »Kind« wieder näher zu den Eltern.

7.6 Herausforderungen in der Elternarbeit: Loslösung bedeutet nicht Verlust, sondern Transformation

Es gibt ganz offenkundig einen starken Bedarf für Elternarbeit. Das muss ich betonen, denn oftmals stellen Therapeuten schon bei jugendlichen Patienten die Elternarbeit ein, weil »die Patienten es nicht wollen« oder sie glauben, im Zuge der Autonomie sei dies vonnöten. Hier ist zu unterstreichen, dass die Beziehungen zwischen Eltern und Kindern während der Adoleszenz eine Transformation durchmachen, Bindungen aber nach wie vor erhalten bleiben, sich oftmals sogar unbewusst intensivieren können.

Diese weitgehende Transformation gilt auch für das junge Erwachsenenalter. Hier kommt erschwerend hinzu, dass die jungen Erwachsenen viel ökonomische und praktische Unterstützung einfordern, ihre Eltern aber massiv emotional auf Distanz halten – zumindest gilt dies für Familien mit nicht klinisch auffälligen jungen Erwachsenen. Die (alten) Eltern sind dagegen, wie geschildert, noch sehr an der Beziehung zu ihren Kindern interessiert. Die Empathie in die oft schwierige Situation der Eltern, die möglicherweise selbst in einer schwierigen Lage stecken und nun länger beeltern müssen, ist den jungen Erwachsenen – wegen des erhöhten Selbstfokus – nicht ausreichend möglich.

In Therapien ist strukturell gesehen an der Objektwahrnehmung, und spezifischer an der Empathie, für die Eltern zu arbeiten. Eine weitere zu beobachtende Veränderung betrifft die Vermischung der Generationen, sie stellt ebenfalls eine besondere Herausforderung für die therapeutische Arbeit dar und erfordert strukturell die Arbeit an der Selbst-Objektdifferenzierung, wie bereits mehrfach beschrieben. Elternarbeit in größeren Abständen ist unbedingt zu fordern und sollte auch die Eltern unterstützen.

Ich hatte bei den besonderen Interventionsformen eine »Warnung« vor zu viel supportivem Verhalten ausgesprochen. Erwähnenswert wäre auch eine stärkere Ressourcenorientierung. Beides trifft auch auf die Arbeit mit den Eltern zu: Einige Eltern müssen lernen, ihre zu starke und zu langanhalten Unterstützung zurückzufahren, damit der junge Erwachsene *selbst* kompetent wird, aber sie sollten zugleich auch die Ressourcen ihres Kindes sehen und die Selbst-Objektdifferenzierung einhalten bzw. dringend erlernen, um eine eigenständige Entwicklung ihres »Kindes« zu ermöglichen. Ich hatte auf mögliche strukturelle Defizite des »Kindes« (wie Empathiemangel, zu starker Selbstfokus, narzisstische Anteile) hingewiesen. Es ist hilfreich und entlastend für Eltern, wenn sie erleben, dass dies für die gesamte Altersgruppe gilt. Eine solche Psychoedukation kann »persönliches Elend in gemeines Elend« verwandeln, wie es Freud einmal formuliert hat, und ist somit leichter zu ertragen.

Der Therapeut als Anwalt des Patienten hat aber zugleich Verständnis für die schwierige Situation der Eltern, und sollte dies vermitteln. Das mittlere und höhere Erwachsenenalter ist keineswegs wie früher durch Stabilität gekennzeichnet. Damit stehen die »nie erwachsenen« Kinder vor einer Elterngeneration, die selbst durch Brüchigkeit und Instabilität in Bezug auf Beruf und Partnerschaft gekennzeichnet sein kann. Die längere Beelterung ist also keineswegs eine leichte Aufgabe für die Eltern, daher bedürfen Eltern in der Phase des jungen Erwachsenenalters ihrer Kinder auch Unterstützung für die Elternfunktionen vom Therapeuten.

Das Aufzeigen von Generationsgrenzen kann immer dann sinnvoll sein, wenn Eltern »forever young« sein wollen und mit ihren »Kindern« quasi-freundschaftliche Beziehungen pflegen, wo sich die Grenzen zwischen dem, was Eltern und dem was »Kinder« sind, vermischen. Partnerschaftsprobleme oder das Suchen neuer Partner der Eltern im Internet ist keinesfalls eine gemeinsame Aufgabe. Erwachsenwerden der Kinder bedeutet auch stärkere Konfrontation mit Vergänglichkeit und Tod der Eltern, auch dies gilt es aufzuarbeiten bzw. zu bedenken.

7.7 Der therapeutische Blick auf Freunde und den Partner

Partnerbeziehungen sind bei Patienten oft nachhaltig beeinträchtigt, aber auch Freundschaftsbeziehungen. Prinzipiell treten die beschriebenen Formen (▶ Kap. 3) der Partnerbeziehungen gesunder junger Erwachsener auch bei klinisch auffälligen Patienten auf, allerdings in extremerer Ausprägung: Zu symbiotischen Beziehungen, bei denen das Selbst gleichsam mit dem Partner verschmilzt, man ohne den Partner als »nicht lebensfähig« erscheint, und zu distanzierte Partnerbeziehungen, in denen das Selbst zu sehr vom Partner getrennt und zu autonom ist, wenig Gemeinsames da ist. Gespräche mit dem Paar bzw. den Partnern können sinnvoll sein. In der Paartherapie ist die mentalisierungsbasierte Therapie (MBT) diesbezüglich ein vielversprechender Ansatz, wo es um den Bezug zum Du und die Wahrnehmung von Gefühlen und Bedürfnissen des Partners geht, aber auch um den Bezug zum Selbst und der Wahrnehmung von eigenen Gefühlen und Bedürfnissen (Rottländer, 2020).

> **Zusammenfassung**
>
> Erwachsenwerden ist ein Interaktionsprozess. Bislang wurde die Perspektive der Eltern und ihre starke Bindung an ihre erwachsenen Kinder therapeutisch vielfach vernachlässigt. Doch bedürfen gerade Eltern in schwierigen Verhältnissen Unterstützung in den Elternfunktionen, um ihren »Kindern« eine eigenständige Identität und eine Ablösung vom Elternhaus zu ermöglichen. Zu lange Unterstützung, intrusives Elternverhalten und Separationsangst der Eltern sind als Hemmnisse zu verdeutlichen, aber auch die Tatsache, dass Ablösung Transformation in den Eltern-Kind-Beziehungen bedeutet, aber nicht Verlust. Auch kann es sinnvoll sein, den Partner in die Therapie in Form von gelegentlichen Gesprächen einzubinden.

Literatur zur vertiefenden Lektüre

Grieser, J. (2018). *Elternarbeit in der psychodynamischen Therapie*. Göttingen: Vandenhoeck & Ruprecht.

Rottländer, P. (2020). *Mentalisieren mit Paaren*. Stuttgart: Klett-Cotta.

Weiterführende Fragen

- Fallen die Charakteristiken, die wir bei den Eltern beobachten, noch in das »normale Spektrum« oder sprechen sie eher für eine behandlungsbedürftige Störung mit der Notwendigkeit einer separaten Therapie von Vater oder Mutter?
- Wie grenzt man die Förderung der Elternfunktionen in der begleitenden Elternarbeit ab von einer Therapie der Eltern?
- Zu welchen Zeitpunkten der Therapie kann es sinnvoll sein, den Partner zu sehen oder gemeinsame Paargespräche durchzuführen?

8 Die Beendigung der Behandlung

Am Ende der Behandlung wird ein Thema erneut wichtig werden, dass bereits bei vielen Patienten Anlass für den Beginn der Therapie war: Die Ablösung von den Eltern und in diesem Fall vom Therapeuten. Wie wird der Abschied gestaltet? Auch hier sind meiner Beobachtung nach Besonderheiten in der Behandlung von Patienten dieser Altersgruppe auffällig, die ich anhand einiger Fallvignetten schildern möchte.

Die Frage der Effektivität ist ebenfalls zu bedenken: Hat die Behandlung gewirkt, hat sie wesentlich zur Symptomreduktion und einem besseren Verständnis der Patienten für sich selbst und andere beigetragen? Haben sie einen besseren Zugang zu ihrer Gefühlswelt gefunden, konnten sie ihre Wünsche und Interessen realisieren? Ist die Empathie für andere gewachsen? Die Forschung zur Effizienz und Effektivität steckt noch in den Kinderschuhen, weil man noch gar nicht erkannt hat, dass man hier besondere Fragestellungen verfolgen könnte; die jungen Leute gehen in Stichproben mit großem Altersrang (18–65 Jahre) regelrecht unter. Wie sehen es die Patienten und was sind Gründe für einen Therapieabbruch?

8.1 Ein besonderer Abschied

Wir haben bereits verschiedenen Beweggründe vorgestellt, die dazu führen, dass junge Erwachsene in Therapie gehen (▶ Kap. 5). Dabei waren Probleme der Autonomie von den Eltern neben beruflichen und partnerschaftlichen Schwierigkeiten relativ häufig als Auslöser von Symptomen genannt worden. Die Semiautonomie in der Lebensform, aber auch vielfältige emotionale Abhängigkeiten wurden deutlich, die Funktion der »Kinder« im bald »leeren Nest« der Eltern. Ganz generell war auffällig, wie sehr sich Patienten zwischen 18 und 30 Jahren noch mit ihren Eltern beschäftigen, wie eingeschränkt ihre Kontakte zu Gleichaltrigen und Partnern sind.

Aber auch mit Bindungsfragen haben wir uns auseinandergesetzt und mit der Überlegung, ob bei aller Exploration und dem verringerten Commitment überhaupt eine längerfristige therapeutische Beziehung möglich ist. Überlegungen über veränderte Settings wurden angestellt, um den Patienten ein größtmögliches Maß an Freiheit zuzugestehen, dennoch wurde die Funktion des Therapeuten bei der Einhaltung und Wiederherstellung des Rahmens unterstrichen.

Wie gestaltet sich nun das Ende der Therapie, kommt es zu einem Durcharbeiten des Abschieds, zu einer Bearbeitung, was das Behandlungsende für den Patienten und die therapeutische Beziehung bedeutet? Ist der Abschied ein Verlust, der auch betrauert werden darf? Verfügen die Patienten nun über genügend innere gute Objekte, um ihren Weg weiterzugehen? Sind die Strukturdefizite, die zu den Problemen geführt haben, gebessert? Sind entwicklungsbehindernde Konflikte bearbeitet? Und wie gehen die Therapeuten mit dem Ende um, vor allem wenn sie sich möglicherweise im Verlauf der Therapie sehr in der »Versorgung« des Patienten engagiert haben?

Vieles, was ich dabei erlebt habe, hat mich an die Beendigung von Behandlungen von Jugendlichen erinnert (Seiffge-Krenke, 2020): Eine Tür wird zugeschlagen, das Ende ist relativ abrupt und vor allem: Es wird von den Patienten initiiert. Obwohl es vielfach reale Gründe wie das Auslaufen der Stunden, ein Umzug in eine andere Stadt, gab, ist doch auffällig, dass ein Durcharbeiten des Endes selten so erfolgte wie bei Therapien mit älteren Erwachsenen. Es scheint fast so, als wollten sich die jungen Erwachsenen ein Stück weit auch hier ihre Autonomie beweisen und besonders forsch dokumentieren, dass sie jetzt »alleine laufen können«.

Manchmal zeigt sich dies bereits bei der Verlängerung: Der Therapeut findet, dass noch weitere Stunden nötig seien, und schlägt eine

8.1 Ein besonderer Abschied

Verlängerung vor, der Patient ist der Meinung, das sei aus seiner Sicht genug und möchte aufhören. Oft bleibt der Therapeut etwas überrascht zurück, aber er kann manchmal auch sehen, dass die Entscheidung des Patienten richtig und nachvollziehbar war.

Schauen wir uns das Ende der Therapie von Daniel an (Seiffge-Krenke, 2022, S.89). Der Therapeut hatte sich sehr um ihn bemüht und war teilweise in die versorgende Mutterübertragung gekommen, konnte aber auch Facetten des guten Vaters, der die so ganz andersartigen Interessen des »Sohnes« fördert und begleitet, in der Therapie auch in seiner Gegenübertragung erleben:

> Die Frage der potenziellen Verlängerung gestaltete sich schwierig und der Therapeut hat den Eindruck, dass Daniel die Therapie fortsetzen müsste, da es ihm große Schwierigkeiten bereitete, sich nach Abschluss seines Abiturs für einen Studienplatz zu entscheiden und die Bahn zu benutzen. Andererseits möchte er nicht wie der kontrollierende Vater dem Patienten im Kreuz sitzen und seine Entwicklung aggressiv vorantreiben, sondern ihm seine eigene Geschwindigkeit lassen. Der Patient erwartet andererseits aufgrund seiner Erfahrung der Überversorgung durch die Mutter, dass der Therapeut ihm vorschlägt weiterzumachen.
>
> Der Therapeut gibt aber den Ball zurück und zeigt an einer Fehlleistung in der letzten Stunde, wo er plötzlich vom Du ins Sie wechselt (»Ich wünsche Ihnen auch alles Gute«), dass er dem Patienten zutraut, seinen weiteren Lebensweg allein zu gehen, dass er ihn also für erwachsener und in seiner Identität gefestigt hält. Damit ist er aus der Sicht des Patienten aus der negativen Vater-Übertragung des abwertenden Vaters, der die Fortschritte des Patienten nicht sehen kann und auch seine Andersartigkeit nicht schätzen kann, herausgetreten und zeigt seine Wertschätzung der (zukünftigen) Kompetenz von Daniel.

In Kapitel 6 ging es um die Gefahr durch das starke Einfordern der Versorgung durch die Patienten ein Helikopter-Therapeut zu werden (▶ Kap. 6). Durch das starke Engagement, das viele Therapeuten zeigen, kann es ihnen schwerfallen, die Patienten gehen zu lassen. Über die Jah-

8 Die Beendigung der Behandlung

re ist eine enge Beziehung entstanden, auf Seiten des Therapeuten gab es viel Containing, Unterstützung und Freude hinsichtlich der eintretenden Veränderungen. Es ist nicht ganz leicht, das »liebe Kind« loszulassen, und manchmal wird das leere Nest recht schnell wieder gefüllt.

Besonders deutlich wurde mir das in der Therapie von Farah. Die sehr hübsche, aparte 18-Jährige aus Sri Lanka kam mit ihrer Mutter bereits zum Erstgespräch, beide klagten über die starke Depression Farahs. Die Mutter, eine ebenfalls sehr aparte und gebildete Frau, war unglücklich verheiratet (worden) und konzentrierte ihr gesamtes Leben auf die Tochter. Die beiden wirkten wie Schwestern und machten alles zusammen. Die Therapeutin fühlte sich angesprochen und erzählte begeistert von diesem schönen Paar, bemühte sich sehr um die Patientin und führte gerne Elterngespräche mit der Mutter.

Zugleich ließ allerdings die Symptomatik der Patientin, eine schwere Depression und Essstörung, darauf schließen, dass doch ein gewisser Wunsch nach Befreiung aus der Symbiose, nach Autonomie da war. Der wurde nun immer deutlicher mit dem nahenden Abitur von Farah und der Überlegung, wie es danach weitergehen sollte. Auf keinen Fall wollte die Mutter sie alleine ziehen lassen. Es war geplant, mit an Farahs neuen Studienort zu ziehen oder aber einen Auszug der Tochter von zuhause von vornherein zu vermeiden, sodass diese weiterhin bei den Eltern wohnen bleiben konnte.

Sexuelle Beziehung wurden von Farah im Verborgenen geführt, nur die Therapeutin war eingeweiht. »Das kann ich meiner Mutter nicht antun.« Immer wieder tauchte ein unerfüllter Kinderwunsch der sehr jungen Mutter auf, die gerne ein weiteres Kind gehabt hätte. Farah beschäftigte der Gedanke sehr, dass ein neues Kind der Mutter eine Beschäftigung und ihr mehr Freiraum geben würde. Das wäre doch eine Lösung, meinte sie.

Schließlich nahte das Therapieende und die Patientin plante tatsächlich, alleine in eine fremde Stadt zu ziehen, nicht sehr weit entfernt von den Eltern und in der Nähe von Verwandten, die ein Auge auf die junge Frau würden haben können. Die Therapeutin bemerkte nun bei sich dass es ihr sehr schwerfiel, die Patientin gehen zu lassen. In der Supervision berichtete sie offen über mehrere Wochen, dass sie den Gedanken hatte: »Kann ich nicht etwas finden, ein Symptom, etwas, das bearbeitet werden müsste, damit ich nochmal weitere Stunden für die Patientin beantragen kann?«

Das Ganze wurde so »gelöst«, dass die Therapeutin schwanger wurde und dann die Therapie mit Farah vor der Geburt ihres Kindes beendet wurde. Unter Corona-Bedingungen hatte sich die enge Beziehung zur Mutter noch verstärkt, die Patientin fühlte sich nun eingeengt und unter ständiger Kontrolle. Jetzt wurden erstmals auch aggressive Anteile in der Mutter-Tochter Beziehung bearbeitbar. Die Patientin war nun fest entschlossen, zuhause auszuziehen.

Manchmal aber ist durch Rahmenänderungen gar keine so enge therapeutische Beziehung entstanden oder die distanzierte Beziehung ist auch Grund dafür, dass Rahmenänderungen und eine Diskontinuität der Behandlung eingetreten sind. Obwohl die Tatsache, dass ein Patient sich im Ausland befindet oder aus anderen Gründen nur noch telefonischer Kontakte besteht, nicht zwangsläufig zu einer Ausdünnung der Beziehung führen müsste, habe ich doch erlebt, dass das häufig der Fall ist. Diese Patienten haben keinen inneren Raum bei den Therapeuten, hinterlassen wenig Spuren im Inneren. Viele Einzelheiten werden vergessen, der Assoziationsraum ist sehr eingeschränkt und es geht mehr um den Bericht, was in den vergangenen Stunden »passiert« ist, anstatt um das Erleben und die emotionale Beziehung zwischen beiden. Bei einer so »ausgedünnten« Beziehung fällt der Abschied auch oftmals kurz und pragmatisch aus.

8.2 Gründe für einen Therapieabbruch aus der Sicht junger Erwachsener

Therapieabbrüche sind in der psychotherapeutischen Versorgung weit verbreitet und stellen sowohl für die klinische Praxis, aber auch die Psychotherapieforschung ein bedeutsames Thema dar. Im Erwachsenenbereich wurden in einer Meta-Analyse Abbruchraten von durchschnittlich 20 % berichtet (Seiffge-Krenke & Cinkaya, 2017). Junge Erwachsene rücken erst seit einigen Jahren als eigenständige Gruppe in den Fokus; es liegen kaum Studien zu Gründen für Therapieabbrüche vor, obwohl gesonderte Studien, die sich nur mit Therapieabbrüchen bei bestimmten Altersgruppen beschäftigen, immer wieder gefordert werden (Swift & Greenberg, 2012). Spezifische Aussagen über jugendliche Therapieabbrecher bzw. junge Menschen in der Phase der »emerging adulthood« sind besonders rar.

Deshalb ist die Studie von Schur et al. (2019) so interessant. In ihrer qualitativen Interviewstudie wurden Interviews mit jungen Psychotherapieabbrechern geführt und qualitativ ausgewertet. Es ergaben sich folgende Themen zu den Therapieabbrüchen: Zum einen die für die Entwicklungsphase typische Autonomiebestrebungen, zum anderen wurden vielfältige Gründe für die Abbrüche genannt, die sich den zwei Bereichen »enttäuschte Erwartungen im Hinblick auf das Therapeutenverhalten« und/oder »das als unpassend und starr erlebte Behandlungssetting« zuordnen lassen.

In Bezug auf die eigene Autonomie betonten die jungen Erwachsenen, dass sie zwar mit der Familie und mit Freunden über die Therapie und den Therapieabbruch gesprochen hätten, alle Entscheidungen diesbezüglich aber allein trafen. Während in Untersuchungen an Kindern und Jugendlichen der Einfluss der Familie und der Eltern auf die Therapie und mögliche Therapieabbrüche betont wird, war er in dieser Untersuchung eher gering. Den jungen Erwachsenen war es wichtig, die Eigenständigkeit ihrer Entscheidung zu betonen, was wiederum ein spezifisches Charakteristikum in dieser Entwicklungsphase ist.

Die Therapie und insbesondere der Therapieabbruch waren für die jungen Erwachsenen mit einer Reihe von enttäuschten Erwartungen verbunden. Große Erwartungen spielten besonders dann eine Rolle, wenn die jungen Erwachsenen schon früher Erfahrungen mit Psychotherapie gemacht hatten. Durch frühere gute Erfahrungen hatten einige besonders hohe Erwartungen oder sehr konkrete Vorstellungen von der Therapie, die später enttäuscht wurden. Gab es keine Vorerfahrungen mit Psychotherapie, schienen die Vorstellungen der jungen Erwachsenen eher vage. Eine der jungen Erwachsenen beschrieb Psychotherapie

8.2 Gründe für einen Therapieabbruch aus der Sicht junger Erwachsener

als etwas Bedrohliches, ihre Vorstellungen waren geprägt von Vorurteilen und Angst vor Stigmatisierung. Zusätzlich wurde deutlich, dass die jungen Erwachsenen besonders zu Beginn der Therapie Schwierigkeiten hatten, sich zurecht zu finden. Es scheint als wäre eine engere Begleitung und Anleitung für sie von Vorteil gewesen. Die Unzufriedenheit mit dem Behandlungsangebot mag den Abbruch begünstigt haben.

Weitere Enttäuschungen bezogen sich auf den Therapeutenkontakt. Die jungen Erwachsenen empfanden es als Druck, sich öffnen zu müssen und von sich zu erzählen. Für einige von ihnen schien dies ein zu tiefer und zu früher Eingriff in die Privatsphäre gewesen zu sein, der die negativen Gefühle gegenüber der Therapie verstärkte. Des Weiteren spielte die Sympathie für den Therapeuten eine große Rolle, wobei nur ein Studienteilnehmer eine gute Beziehung zu seinem Therapeuten beschrieb. Die anderen nahmen den Therapeuten desinteressiert, unprofessionell und unflexibel ihren Bedürfnissen gegenüber wahr. Insbesondere ein Bedürfnis nach mehr Halt und Sicherheit durch den Therapeuten wurde immer wieder deutlich. Insgesamt standen die vielen enttäuschten Erwartungen der jungen Erwachsenen mit dem Therapieabbruch in Zusammenhang.

Bezüglich der Frage, was in den Interviews *nicht* gesagt wurde, fiel auf, dass die Studienteilnehmer die Gründe für die Therapieabbrüche nicht bei sich selbst sahen, sondern den Abbruch durch die Therapie oder das Behandlungssetting begründeten. Interessant ist nun, dass Studien zum Behandlungsabbruch aus der Sicht der Therapeuten ergeben hatten (Seiffge-Krenke & Cinkaya, 2017), dass diese wiederum fast ausschließlich die Patienten (bestimmte Diagnosen, fehlende Behandlungsmotivation) für den Abbruch verantwortlich machten.

8.3 Qualitätssicherung: Die Verbesserung der Fertigkeiten zur Transition und die Bedeutung der Mentalisierung

Die Qualitätssicherung hat was psychodynamische Therapien bei erwachsenen Patienten angeht inzwischen Fortschritte gemacht. In Zeiten evidenzbasierter Medizin und empirisch gestützten Behandlungen ist es unerlässlich, dass für eine bestimmte Therapiemethode genügend Wirksamkeitsnachweise vorliegen, ehe sie für die Anwendung in der klinischen Praxis empfohlen und gegebenenfalls in einem weiteren Schritt von den Krankenkassen erstattet werden kann. Die gilt für psychodynamische Psychotherapie ebenso wie für alle anderen Therapiemethoden. Die randomisiert-kontrollierte Studie (RCT für *randomized controlled trial*) wurde als der »Goldstandard« des Studiendesigns angesehen, wenn es darum geht nachzuweisen, dass eine Behandlung wirksam ist. Allerdings: Durch die starke Kontrolle, d. h. die zufällige Verteilung der Patienten auf verschiedene Therapiearme, ein manualisiertes Vorgehen und die Auswahl möglichst diagnostisch reiner Krankheitsbilder, konnte man die Wirksamkeit der psychodynamischen Verfahren für eine Vielzahl von Krankheitsbildern mit hohen Effektstärken nachweisen.

Auch wenn die Gesamtanzahl von Studien gegenüber der großen Zahl von Studien mit verhaltenstherapeutischen Ansätzen immer noch deutlich geringer ist, hat sich die psychodynamische Therapie unter Laborbedingungen bewährt (*efficacy*), wie Steinert & Leichsenring (2017) in ihrer Übersicht belegt haben. Die Verallgemeinerung der Ergebnisse auf Patienten und Bedingungen »in der realen Welt« ist aber eingeschränkt, denn die empirische Evidenz aus RCTs lässt sich nicht direkt in die klinische Praxis übertragen. Das heißt also nicht automatisch, dass sie unter Praxisbedingungen ebenfalls wirksam ist (*effectiveness*). In der Praxis liegen natürlich andere Bedingungen, d. h. weniger selektierte Patienten (z. B. hinsichtlich bestehender Komorbiditäten), in der Regel besteht auch keine Möglichkeit der randomisierten Zuweisung in verschiedene Gruppen und eine Warte-Kontrollgruppe kann man auch nicht bilden.

Inzwischen liegen also zahlreiche und auch gut kontrollierte Studien für die *efficacy* vor – aber sie sind an Stichproben mit sehr großen Alters-

8.3 Qualitätssicherung: Die Verbesserung der Fertigkeiten zur Transition

range durchgeführt. In der Regel werden Patienten zwischen 18 und 65 Jahren eingeschlossen – Schlussfolgerungen über die Wirkung der psychodynamischen Therapie bei jungen Erwachsenen sind so allerdings nicht möglich. Auch fehlen spezifische Fragestellungen, die besonders bei dieser Altersstufe interessant zu untersuchen wären und die unter Praxisbedingungen (*effectiveness*) auch untersuchbar sind.

Ich möchte dazu im Folgenden ein Beispiel geben. Es bezieht sich auf eine relativ kleine Gruppe von 50 Patienten, die im Schnitt auch nur an 26 Stunden psychodynamischer Therapie teilnahmen. Es handelte sich um Studierende, die Therapie musste daher auch innerhalb eines Studienjahres abgeschlossen werden und nur wenige Patienten konnten länger behandelt werden (Shulman et al., 2021).

Da bisher selten untersucht wurde, ob Psychotherapie eine Rolle bei der Bewältigung von Entwicklungsherausforderungen von Patienten in Übergangsphasen spielt, konzentrierte sich die Studie auf Fähigkeiten, die für eine erfolgreiche Navigation des Übergangs ins Erwachsenenalter unerlässlich sind und untersuchte, welche Rolle »reflective functioning« in diesem Prozess spielt. Junge Erwachsene, die psychologische Hilfe suchen, haben wie ja vielfach in diesem Buch beschrieben, größere Schwierigkeiten, Ziele zu setzen und zu verfolgen. Sie müssen Entscheidungen über Liebesbeziehungen treffen sowie über ihre Karriere, ihr Studium und ihre Arbeit. In diesem Prozess wird von jungen Menschen erwartet, dass sich altersgerechte Ziele setzen, an ihren Zielen festhalten und sie verfolgen, meist verspüren sie einen enormen Entwicklungsdruck (▶ Kap. 2). Diese miteinander verflochtenen Entscheidungen werden noch komplizierter, da das Leben junger Erwachsener heutzutage durch erhöhte soziale und wirtschaftliche Unsicherheiten gekennzeichnet ist. Neuere Studien haben durchweg gezeigt, dass eine wachsende Zahl junger Erwachsener Schwierigkeiten hat, diese Entwicklungsherausforderungen zu meistern und infolgedessen psychische Belastungen berichten (▶ Kap. 4).

Eine psychodynamische Therapie, die Mentalisierung fördert, könnte die Transition erleichtern. Allerdings wurde in der Vergangenheit nicht untersucht, inwieweit Psychotherapie jungen Erwachsenen helfen kann, mit Entwicklungsproblemen umzugehen. Die aktuelle Studie konzentrierte sich daher auf die Fähigkeiten, die für eine erfolgreiche Navigation des Übergangs ins Erwachsenenalter unerlässlich sind. Dazu gehören Entscheidungsfähigkeit, die Fähigkeit, sich Ziele zu setzen und an seinen Zielen festzuhalten. Ein weiteres Ziel der vorliegenden Studie war es zu untersuchen, inwieweit Mentalisierung bei jungen Erwachsenen in der psychodynamischen Psychotherapie gefördert wurde und ob diese möglicherweise zu einer erfolgreichen Navigation beiträgt.

Das Konstrukt des reflexiven Funktionierens (Fonagy, et al, 2002) erfasst sowohl interne als auch zwischenmenschliche Prozesse, die persönliches Wachstum und damit therapeutische Veränderungen erklären können. Reflektierendes Funktionieren (oder Mentalisieren) beschreibt die Fähigkeit, mentale Prozessen zu erkennen, die sowohl bei sich selbst als auch bei anderen stattfinden (z. B. Gedanken, Gefühle, Absichten und Wünsche). Diese Fähigkeit leitet das Individuum bei der Bildung kohärenter und integrierter mentaler Repräsentationen des Selbst und anderer. Als solche beinhaltet die reflexive Funktion sowohl einen kognitiven Prozess, der der psychologischen Einsicht und Perspektivenübernahme ähnelt, als auch einen emotionalen Prozess, der auf der Fähigkeit basiert, die eigenen mentalen Zustände und die anderer wahrzunehmen, zu halten und zu regulieren. Die Berücksichtigung der Rolle, die Reflektivität bei der kindlichen Entwicklung und Anpassung spielt, führte zur Entwicklung der mentalisierungsbasierten Therapie (MBT) (Fonagy et al., 2002), von der Elemente auch in dieser Studie im Rahmen der psychodynamischen Psychotherapie angewendet wurden.

34 Therapeuten behandelten die 50 jungen Erwachsenen: 82 % waren Mitarbeiter oder Doktoranden der Psychologie der Universität Tel Aviv, 18 % waren fortgeschrittene Kliniker mit drei oder vier Jahren Berufserfahrung. Durchgeführt wurden psychodynamische Therapien mit einer stärken Förderung der reflective functioning im Sinne der MBT (Fonagy et al, 1998). Alle Therapeuten erhielten wöchentliche Einzel- und Gruppensupervisionen. Typischerweise waren die Behandlungen auf ein akademisches Jahr begrenzt, bei Bedarf mit einer Verlängerung, und bestanden aus wöchentlichen 50-minütigen Sitzungen.

Tatsächlich zeigen die Ergebnisse, dass es nicht nur zu einer signifikanten Abnahme der vorher bestehenden Symptome (überwiegend Depression, Angststörungen und Prokrastination), gekommen war, sondern auch zu einer signifikanten Verbesserung von Fertigkeiten der

8.3 Qualitätssicherung: Die Verbesserung der Fertigkeiten zur Transition

Planung, Entscheidungsfindung und Handlungsfähigkeit. Besonders groß waren die Veränderungen im Reflexionsvermögen (*reflective functioning*). Die verbesserten Mentalisierungsfähigkeiten hatten jedoch nur bei den männlichen Patienten einen Vorhersagewert, möglicherweise haben sie besonders von der Reflexion über Emotionen bei sich und anderen profitiert. Eine stärkere Veränderung des Reflexionsvermögens bei den männlichen Patienten erklärte nämlich 3,3 % der Abnahme ihrer Gesamtsymptombelastung nach der Behandlung; in Bezug auf die Abnahme depressiver Symptome lag der Erklärungswert sogar bei 4,7 %. Obwohl die psychodynamische Therapie relativ kurz war, ermutigen die Befunde, psychotherapeutische Interventionen zur Verbesserung von Fähigkeiten einzusetzen, die die Bewältigung von Entwicklungsherausforderungen erleichtern können.

Zusammenfassung

In diesem letzten Kapitel des Buchs geht es ums Abschiednehmen und um die Frage: Hat die Therapie gewirkt? Das Behandlungsende nimmt zentrale Fragestellungen der Ablösung und Autonomie von den Elternobjekten auf und gestaltet sich in Abhängigkeit von der Qualität der therapeutischen Beziehung äußerst unterschiedlich. Was Therapieabbrüche angeht, wurde verdeutlicht, dass die Flexibilität im Setting und eine einfühlende therapeutische Beziehung für junge Erwachsene zentral sind, wenn sie die Therapie fortsetzen wollen. Studien über die Wirkweise von Therapien speziell bei jungen Erwachsenen sind sehr selten, doch möchte ich dazu ermutigen, hier mehr zu forschen, denn es gibt Interessantes zu entdecken.

Literatur zur vertiefenden Lektüre

Shulman, S., Seiffge-Krenke, I., Leus, R. Y. & Livneh, E. (2021). Symptomabnahme und Verbesserungen der Fertigkeiten zur Transition nach psychodynamischer Therapie: Die Rolle der Reflexivität. *Psychodynamische Therapie, 4*, 361–371.

Schur, M., Kurok, V., Wiegand-Gräfe, S. & Weitkamp, K. (2019). Weshalb junge Erwachsene ihre Therapie abbrechen. *Psychodynamische Psychotherapie, 3*, 165–176.

Seiffge-Krenke, I. (2015). Psychotherapie bei jungen Erwachsenen: Was wirkt? In G. Lehmkuhl, F. Resch & S. C. Herpertz (Hrsg.), *Psychotherapie des jungen Erwachsenenalters* (S. 27–50). Stuttgart: Kohlhammer.

Weiterführende Fragen

- Sollte das Behandlungsende letztlich vor allem durch den Wunsch des Patienten terminiert werden?
- Wie spiegelt sich das fehlende Commitment junger Erwachsener in der therapeutischen Beziehung?
- Inwiefern sind die Zielsetzungen in der Behandlung junger Erwachsener besondere und gehen weit über die Reduzierung der krankheitswertigen Symptome hinaus?
- Warum fällt es uns bei manchen Patienten besonders schwer, Abschied zu nehmen?
- Zu welchen Zeitpunkten der Therapie kann es für den Therapeuten sinnvoll sein, auf ein Behandlungsende hinzuarbeiten?

9 Abschließende Bemerkungen

Wir haben einen großen Bogen geschlagen von der »normalen« Entwicklung im jungen Erwachsenenalter zu den klinisch auffälligen jungen Erwachsenen, die wir in unseren Ambulanzen, auf Station und in den therapeutischen Praxen sehen. Es wurde deutlich, dass die Unterscheidung, was »noch normal« oder »schon pathologisch« ist, oft schwer zu treffen ist. Als Orientierung habe ich daher empirische Studien vor allem an klinisch unauffälligen jungen Erwachsenen und ihren Eltern in deutschsprachigen Ländern und Zentraleuropa vorgestellt. Veränderungen in der Identitätsentwicklung standen im Zentrum mit ihren Auswirkungen auf die Partnerschaftsentwicklung, die berufliche Orientierung und die Ablösung von den Eltern. Es hat sich gezeigt, dass diese drei Entwicklungsaufgaben bei Patienten in der Tat sehr beeinträchtigt sind, und dass, da es ein Interaktionsprozess mit den Eltern ist, es auch sinnvoll erscheint, Gespräche mit den Angehörigen und gegebenenfalls auch den Partnern zu führen.

Bereits bei der Indikationsfrage waren wir darauf gestoßen, dass nicht unbedingt Langzeittherapie mit psychodynamischem Hintergrund in jedem Fall das angemessene Angebot ist, sondern Kurzzeittherapien, entwicklungsorientierte Beratungen und die Überweisung an andere Institutionen mit spezifischen Angeboten (z. B. bei Prokrastination und Computerspielabhängigkeit) sinnvoll sein können.

Im Herzstück dieses Buches, der Behandlungstechnik, habe ich versucht eine einerseits entwicklungsorientierte, aber auch klinische Perspektive anzubieten und die therapeutische Haltung besonders herausgearbeitet – schließlich sind junge Erwachsene auch in der Behandlungstechnik »in between«. Diese Patienten verführen uns auf Grund ihrer Entwicklungsgeschichte und der spezifischen »Beelterung« besonders dazu, ein Zuviel an Unterstützung anzubieten. Oftmals ist es schwer, die Aggression im therapeutischen Prozess zu bearbeiten, d. h. aggressive Aspekte in der Übertragung zu erkennen und negative Gegenübertragungen zu reflektieren. Weil einige Patienten unter autoritären, ihre Exploration und Entwicklung behindernden Eltern, besonders Vätern leiden, schwanken die Übertragungs- und Gegenübertragungsprozesse oftmals zwischen Unterstützung und autoritärer Kontrolle und Begrenzungen. Narzisstische Facetten sind typisch und färben auch die therapeutische Beziehung,

Es wurde aber darüber hinaus die Bedeutung des Rahmens reflektiert – seinen wichtigen Stellenwert in einer Entwicklungsphase von hoher Instabilität. Auch die hohe Diversität und kulturell unterschiedliche Werte stellen den Therapeuten vor große Herausforderungen. Natürlich nimmt das Ende der Behandlung dann nochmals die Themen der Begrenzung und der Bindung auf, und es ist wichtig sich zu vergegenwärtigen, dass – bei einer Altersgruppe mit vielen externen Objekten, etwa in den sozialen Medien, durch die Psychotherapie innere Objektbeziehungen entstanden sind, die die Patienten nun weiterhin auf ihrem weiteren Weg begleiten. Meine Arbeit ist aber auch ein Plädoyer für mehr Verständnis für die Situation der Eltern der jungen Erwachsenen. Sie stehen den Aufgaben der längeren Beelterung oft unvorbereitet gegenüber und erwarten doch so viel von ihren Kindern. Die Beendigung der Behandlung nimmt das Thema der Ablösung und Autonomie nochmals auf, aus der Sicht von Therapeuten und Patient.

In Zukunft wird verstärkt auf die Wirksamkeit unserer therapeutischen Angebote geachtet werden. Auf die Qualitätssicherung wurde kurz eingegangen. Hier ist auffällig, dass die psychodynamischen Verfahren vor allem international in anspruchsvollen Studien ihre Effektivität bewiesen haben (Steinert & Leichsenring, 2017). Spezifische Befunde nur an jungen Erwachsenen fehlen weitgehend, sie gehen in Studien mit hohem Altersrange von 18 bis 65 regelrecht unter. Dabei gäbe es besonders bei dieser Altersgruppe viel Interessantes zu beforschen.

Ich hatte auf die Notwendigkeit der verstärkten Kooperation von Therapeuten im Erwachsenen- sowie Kinder- und Jugendlichenbereich aufmerksam gemacht. Das gilt auch für die Forschung. In solchen Kooperationsstrukturen können außerdem besonders leicht übergreifende

Forschungsvorhaben gemeinsam realisiert werden. Hier wäre zukünftig wünschenswert, dass man neben der Symptomreduktion auch die durch die Therapie erreichte Realisierung von Entwicklungsaufgaben erfasst. Der Entwicklungsdruck, d. h. die Diskrepanz zwischen geringem Entwicklungsstand und -ziel war ja vielfach Anlass für junge Erwachsene, sich in Therapie zu begeben.

10 Literatur

Aden, A., Stolle, M., & Thomasius, R. (2011). Cannabisbezogene Störungen bei Jugendlichen und jungen Erwachsenen – Diagnostik, Komorbidität und Behandlung. *Sucht, 57*, 215–230.
Arnett, J. J. (2004). *Emerging adulthood: The winding road from the late teens through the twenties.* Oxford University Press: New York.
Arnett, J. J. (Ed.). (2016). *The Oxford handbook of emerging adulthood.* New York: Oxford University Press.
Altmeyer, M. (2019). *Ich werde gesehen, also bin ich. Psychoanalyse und die neuen Medien.* Göttingen: Vandenhoeck & Ruprecht.
Barnow, S., Stopsack, M., Ulrich, I., Falz, S., Dudeck, M., Spitzer, C., Grabe, H. J. & Freyberger, H. (2010). Prävalenz und Familiarität von Persönlichkeitsstörungen in Deutschland. Ergebnisse der Greifswalder Familienstudie. *Psychotherapie Psychosomatik Medizinische Psychologie, 60*, 334–341.
Berngruber, A., Gaupp, N. & Lüders, C. (2020). Jugendlich, erwachsen oder doch »dazwischen«? Die biographische Selbstwahrnehmung junger Menschen im Kontext der Debatte um emerging adulthood. *Diskurs: Kindheit und Jugendforschung, 4*, 385–400.
Bion, W. R. (1962). *Learning from experience.* London: Heinemann. (Dt. Übers. 1990, Lernen durch Erfahrung, Frankfurt a. M.: Suhrkamp).
Bode, H., & Heßling, A. (2015). *Jugendsexualität 2015. Die Perspektive der 14- bis 25-Jährigen. Ergebnisse einer aktuellen repräsentativen Wiederholungsbefragung.* Köln: Bundeszentrale für gesundheitliche Aufklärung, BZGA.
Bowlby, J. (1988). *A secure base: Clinical applications of attachment theory.* London: Routledge.
Blos, P. (1954). Prolonged adolescence: The formulation of a syndrome and its therapeutic implications. *American Journal of Orthopsychiatry, 24*, 733–742.
Blos, P. (1973/2015). *Adoleszenz. Eine psychoanalytische Interpretation.* Stuttgart: Klett-Cotta.
Brunner, R. & Schmahl, C. (2012). Nicht-suizidale Selbstverletzung (NSSV) bei Jugendlichen und jungen Erwachsenen. *Kindheit und Entwicklung, 5*, 5–15.
Buhl, H. M., & Lanz, M. (2007). Emerging adulthood in Europe common traits and variability across five European countries. *Journal of Adolescent Research, 22*, 439–443.

10 Literatur

Buchheim, A. (2018). *Bindungsforschung und psychodynamische Psychotherapie.* Göttingen: Vandenhoeck & Ruprecht.

Claxton, S. E. & van Dulmen, M. H. (2013). Casual sexual relationships and experiences in emerging adulthood. *Emerging Adulthood, 1*, 138–150.

Conzen, P. (2002). Wer sich nicht sorgt, stagniert. Zum 100. Geburtstag von Erik H. Erikson. *Forum Psychoanalyse, 18*, 156–175.

Deutsch, H. (1948). *Psychologie der Frau.* Bern: Huber.

Erikson, E. H. (1959). *Identity and the life cycle.* New York: W. W. Norton. (Dt. Übersetzung 1971, Identität und Lebenszyklus, Frankfurt a. M.: Suhrkamp).

Erikson, E. H. (1983). Der Lebenszyklus und die neue Identität der Menschheit. Erik H. Erikson im Gespräch. *Psychologie Heute, 12*, 28–41.

Escher, F. & Seiffge-Krenke, I. (2013). Welchen Einfluss haben verschiedene Vatertypen auf den Verlauf der Symptombelastung ihrer Kinder? Eine Längsschnittuntersuchung an 14- bis 23-Jährigen. *Zeitschrift für Familienforschung, 25*, 96–117.

Escher, F. & Seiffge-Krenke, I. (2017). Welchen Einfluss haben Identitätsstress, problematische Bewältigungsstile und dysfunktionales mütterliches Verhalten auf die Symptombelastung von normalen und klinisch auffälligen Heranwachsenden? *Zeitschrift für Psychiatrie, Psychologie und Psychotherapie, 65*, 1–10.

Foelsch, P. A., Odom, A., Arena, H., Krischer, M., K., Schmeck, K. & Schlüter-Müller, S. (2010). Differenzierung zwischen Identitätskrise und Identitätsdiffusion und ihre Bedeutung für die Behandlung. *Praxis der Kinderpsychologie und Kinderpsychiatrie, 59*, 418–434.

Fonagy, P., Target, M., Steele, H., & Steele, M. (1998). *Reflective-functioning manual, version 5.0, for application to adult attachment interviews.* London: University College London.

Fydrich, T. & Schneider, W. (2015). Psychotherapie bei Persönlichkeitsstörungen. *Psychotherapeut, 60*, 259–260.

Grubrich-Simitis, I. & Hirschmüller, A. (2011). *Sigmund Freud, Martha Bernays: Sei mein wie ich's mir denke. Die Brautbriefe.* Ungekürzte Ausgabe in 5 Bänden. Frankfurt a. M.: Fischer Verlag.

Gruen, A. (2009). *Der Verrat am Selbst.* München: dtv.

Havighurst, R. J. (1956). Developmental tasks and education. *The School Review, 64*, 215–232.

Höcker, A., Engberding, M. & Rist, F. (2013). *Prokrastination – Ein Manual zur Behandlung des pathologischen Aufschiebens.* Göttingen: Hogrefe.

Hoffmann, F., Petermann, F., Glaeske, G., & Bachmann, C. J. (2012). Prevalence and comorbidities of adolescent depression in Germany. *Zeitschrift für Kinder- und Jugendpsychiatrie und Psychotherapie, 40*, 399–404.

Hofmann, F. H., Sperth, M. & Holm-Hadulla, R. M. (2017). Psychische Belastungen und Probleme Studierender. *Psychotherapeut, 62*, 395–402.

Jacobi, F., Höfler, M., Strehle, J., Mack, S., Gerschler, A., Scholl, L., Busch, M. A., Maske, U., Hapke, U., Gaebel, W., Maier, W., Wagner, M., Zielasek, J. & Wittchen, H. U. (2014). Psychische Störungen in der Allgemeinbevölke-

10 Literatur

rung: Studie zur Gesundheit Erwachsener in Deutschland und ihr Zusatzmodul Psychische Gesundheit (DEGS1-MH). *Der Nervenarzt, 85*, 77–87.
Jacobi, F. & Groß, J. (2014). Prevalence of mental disorders, health-related quality of life, and service utilization across the adult life span. *Die Psychiatrie, 11*, 227–233.
King, V. (2013). *Die Entstehung des Neuen in der Adoleszenz*. Heidelberg: Springer.
King, V. (2020). Das Konzept »emerging adulthood« aus jugendtheoretischer und zeitdiagnostischer Sicht. *Diskurs: Kindheit und Jugendforschung, 4*, 355–369.
King, D. L, Delfabbro, P. H, Zwaans, T. & Kaptsis, D, (2014). Sleep interference effects of pathological electronic media use during adolescence. *International Journal of Mental Health and Addiction, 12*, 21–35.
King, D. L, Delfabbro, P. H., Wu, A. M. S., Doh, Y. Y., Kuss, D. J., Pallesen, S., Mentzoni, R., Carragher, N. & Sakuma, H. (2017). Treatment of internet gaming disorder: An international systematic review and consort evaluation. *Clinical Psychological Review, 54*, 123–133.
Kins, E., Soenens, B. & Beyers, W. (2011). »Why do they have to grow up so fast?« Parental separation anxiety and emerging adults' pathology of separation-individuation. *Journal of Clinical Psychology, 67*, 647–664.
Kipke, I., Steppan, M. & Pfeiffer-Gerschel, T. (2011). Cannabis-bezogene Störungen – epidemiologische und soziodemographische Daten aus ambulanten Suchthilfeeinrichtungen in Deutschland 2000-2009. *Sucht, 57*, 439–450.
Klimstra, T. & Denissen, J. J. A. (2017). A theoretical framework for the association between identity and psychopathology. *Developmental Psychology, 53*, 2052–2065.
Kohut, H. (1971). *Narzißmus. Eine Theorie der psychoanalytischen Behandlung narzisstischer Persönlichkeitsstörungen*. Frankfurt a. M.: Suhrkamp.
Kohut, H. (1977): *Die Heilung des Selbst*. Frankfurt a. M.: Suhrkamp.
Klein, M. (1957). Envy and gratitude. In: *The writings of Melanie Klein*, Vol. 3 (pp. 176–235). London: Hogarth. (Dt. Übersetzung 1983, Neid und Dankbarkeit, in M. Klein, Das Seelenleben des Kleinkindes und andere Beiträge zur Psychoanalyse. Stuttgart: Klett-Cotta).
Kroger, J., Martinussen, M. & Marcia, J. E. (2010). Identity status change during adolescence and young adulthood: A meta-analysis. *Journal of Adolescence, 33*, 683–698.
Körner, J. (2018). *Die Psychodynamik von Übertragung und Gegenübertragung*. Göttingen: Vandenhoeck & Ruprecht.
Körner, J. (2020). *Die Kunst der Deutung und die Macht der Beziehung*. Göttingen: Vandenhoeck & Ruprecht.
Lambert, M., Bock, T., Naber, D., Löwe, B., Schulte-Markwart, M., Schäfer, I., Gumz, A., Degkwitz, P., Schulte, B., König, H. H., Konnopka, A., Bauer, M., Bechdolf, A., Correll, C., Juckel, G., Klosterkötter, J., Leopold, K., Pfennig, A. & Karow, A. (2013). Die psychische Gesundheit von Kindern, Jugendlichen und jungen Erwachsenen – Teil 1: Häufigkeit, Störungspersistenz, Belastungs-

faktoren, Service-Inanspruchnahme und Behandlungsverzögerung mit Konsequenzen. *Fortschritte der Neurologie & Psychiatrie, 81*, 614–627.

Landberg, M. & Noack, P. (2021). Berufliche Identität bei jungen Erwachsenen. *Psychodynamische Psychotherapie 4*, 334–346.

Laimböck, A. (2019). *Das psychoanalytische Erstgespräch*. Frankfurt a. M.: Brandes & Apsel.

Lehmkuhl, G. & Schubert, I. (2013). Versorgung bei ADHS im Übergang zum Erwachsenenalter aus Sicht der Betroffenen. *Gesundheitsmonitor, 1*, 1–10.

Lohbeck, A., Hagenauer, G., Mühlig, A., Moschner, B. & Gläser-Zikuda, M. (2017). Prokrastination bei Studierenden des Lehramts und der Erziehungswissenschaften. *Zeitschrift für Erziehungswissenschaft, 20*, 521–536.

Luyckx, K., Schwartz, S. J., Berzonsky, M. D., Soenens, B., Vansteenkiste, M., Smits, I. & Goossens, L. (2008). Capturing ruminative exploration: Extending the four-dimensional model of identity formation in late adolescence. *Journal of Research in Personality, 42*, 58–82.

Luyckx, K., Seiffge-Krenke, I., Schwartz, S. J., Crocetti, E. & Klimstra, T. A. (2014). Identity configurations across love and work in emerging adults in romantic relationships. *Journal of Applied Developmental Psychology, 35*, 192–203.

Mahler, M.-S. (1985). *Studien über die ersten drei Lebensjahre*. Stuttgart: Klett-Cotta.

Manago, A. M., Taylor, T. & Greenfield, P. M. (2012). Me and my 400 friends: The anatomy of college students' facebook networks, their communication patterns, and well-being. *Developmental Psychology, 48(2)*, 369–80.

Marcia, J. E. (1966). Development and validation of ego-identity status. *Journal of Personality and Social Psychology, 3*, 551–558.

Müters, S., Hoebel, J., & Lange, C. (2013). *Diagnose Depression: Unterschiede bei Frauen und Männern*. GBE-Kompakt.

Nitkowski, D. & Petermann, F. (2011). Selbstverletzendes Verhalten und komorbide psychische Störungen: Ein Überblick. *Fortschritte der Neurologie & Psychiatrie, 79*, 9–20.

Orth, B. & Töppich, J. (2012). Rauschtrinken und durchschnittlicher Alkoholkonsum bei Jugendlichen und jungen Erwachsenen in Deutschland: Konsummuster, soziodemografische Unterschiede und Trends. *Suchttherapie, 13*, 6–14.

Pabst, A., Kraus, L., Matos, E. G. D., & Piontek, D. (2013). Substanzkonsum und substanzbezogene Störungen in Deutschland im Jahr 2012. *Sucht, 59*, 321–331.

Plener, P. L., Kaess, M., Bonenberger, M., Blaumer, D. & Spröber, N. (2012). Umgang mit nicht-suizidalem selbstverletzendem Verhalten (NSSV) im schulischen Kontext. *Kindheit und Entwicklung, 21*, 16–22.

Resch, F. (2017). *Selbstverletzung als Selbstfürsorge. Zur Psychodynamik selbstverletzenden Verhaltens bei Jugendlichen*. Göttingen: Vandenhoeck & Ruprecht.

Resch, F. & Weisbrod, M. (2012). Kooperative Versorgung Jugendlicher und junger Erwachsener. In: J. M. Fegert, C. Eggers & F. Resch (Hrsg.), *Psychiatrie*

und Psychotherapie des Kindes- und Jugendalters (S. 241–247). Springer: Berlin, Heidelberg.
Retz, W., Davydenko, S., Kröher, K. N. & Retz-Junginger, P. (2014). Transition der Aufmerksamkeitsdefizit-/Hyperaktivitätsstörung (ADHS) vom Jugend- ins Erwachsenenalter. *Kinderärztliche Praxis, 85*, 364–369.
Rudolf, G. (2014). *Strukturbezogene Therapie*. Stuttgart: Schattauer.
Rugenstein, K. (2019). *Freie Assoziation und gleichschwebende Aufmerksamkeit, Psychodynamik kompakt.* Göttingen: Vandenhoeck & Ruprecht.
Richter, H.-E. (1963). *Eltern, Kind, Neurose*. Frankfurt a. M.: Fischer.
Schlack, R., Hölling, H., Kurth, B.-M. & Huss, M. (2007). Die Prävalenz der Aufmerksamkeitsdefizit-/Hyperaktivitätsstörung (ADHS) bei Kindern und Jugendlichen in Deutschland: Erste Ergebnisse aus dem Kinder- und Jugendgesundheitssurvey (KiGGS). *Bundesgesundheitsblatt – Gesundheitsforschung – Gesundheitsschutz, 50*, 827–835.
Schmidt, S., Petermann, F., Koglin, U. & Brähler, E. (2012). Komorbide Belastungen bei Jugendlichen und jungen Erwachsenen mit ADHS. *Zeitschrift für Psychiatrie, Psychologie und Psychotherapie, 60*, 15–26.
Schnell, M. (2005). Suizidale Krisen im Kindes- und Jugendalter. *Praxis der Kinderpsychologie und Kinderpsychiatrie, 54*, 457–472.
Schulze, U. M. E. & Fegert, J. (2020). Doppelt herausgefordert: psychisch kranke Menschen auf dem Weg ins Erwachsenenleben. *Diskurs 4*, 413–424.
Schur, M., Kurok, V., Wiegand- Gräfe, S. & Weitkamp, K. (2019). Weshalb junge Erwachsene ihre Therapie abbrechen. *Psychodynamische Psychotherapie, 3*, 165–176.
Seiffge-Krenke, I. (2003). Testing theories of romantic development from adolescence to young adulthood: Evidence of a developmental sequence. *International Journal of Behavioral Development, 27*, 519–531.
Seiffge-Krenke, I. (2010). Predicting the timing of leaving home and related developmental tasks: Parents' and children's perspectives. *Journal of Social and Personal Relationships, 27*, 495–518.
Seiffge-Krenke, I. (2015). Psychotherapie bei jungen Erwachsenen: Was wirkt? In G. Lehmkuhl, F. Resch & S. C. Herpertz (Hrsg.), *Psychotherapie des jungen Erwachsenenalters* (S. 27–50). Stuttgart: Kohlhammer.
Seiffge-Krenke, I. (2016a). Leaving home: Antecedents, consequences and cultural patterns. In J. J. Arnett (Ed.), *The Oxford handbook of emerging adulthood* (p. 177–190). New York: Oxford University Press.
Seiffge-Krenke, I. (2016b). *Väter, Männer und kindliche Entwicklung: Ein Lehrbuch für Psychotherapie und Beratung*. Heidelberg: Springer.
Seiffge-Krenke, I. (2017a). Studierende als Prototyp der »emerging adults«. Verzögerte Identitätsentwicklung, Entwicklungsdruck und hohe Symptombelastung. *Psychotherapeut, 62*, 403–410.
Seiffge-Krenke, I. (2017b). *Psychoanalyse des Mädchens*. Stuttgart: Klett- Cotta.
Seiffge-Krenke, I. (2017c). *Widerstand, Abwehr und Bewältigung*. Göttingen: Vandenhoeck & Ruprecht.

Seiffge-Krenke, I. (2019). Die neue Entwicklungsphase des »emerging adulthood«. Typische Störungen und Entwicklungsrisiken und Ansätze der psychotherapeutischen Versorgung. *Psychodynamische Psychotherapie 3*, 176–192.

Seiffge-Krenke, I. (2020). *Jugendliche in der Psychodynamischen Psychotherapie: Kompetenzen für Diagnostik, Behandlungstechnik, Konzepte und Qualitätssicherung.* Stuttgart: Klett-Cotta.

Seiffge-Krenke, I. (2021a). *Auf der Suche nach dem neuen Ich: Identitätsentwicklung in der Adoleszenz.* Stuttgart Kohlhammer.

Seiffge-Krenke, I (2021b). Der ganz normale Narzissmus im Jugendalter und im »emerging adulthood«. In S. Döring et al., (Hrsg.)., *Narzissmus* (S. 435–454). Stuttgart: Schattauer.

Seiffge-Krenke, I. (2021c). Sex ja – Liebe nein? Entwicklungspsychologische und therapeutische Perspektiven von Partnerbeziehungen im jungen Erwachsenenalter. *Psychodynamische Psychotherapie, 4*, 347–360.

Seiffge-Krenke, I. (2022). *Therapieziel Identität: Veränderte Beziehungen, Krankheitsbilder* (2. Aufl.). Stuttgart: Klett-Cotta.

Seiffge-Krenke, I., Shulman, S. & Klessinger, N. (2001). Adolescent precursors of romantic relationships in young adulthood. *Journal of Social and Personal Relationships, 18*, 327–346.

Seiffge-Krenke, I. & Gelhaar, T. (2006). Entwicklungsregulation im jungen Erwachsenenalter: Zwischen Partnerschaft, Berufseinstieg und der Gründung eines eigenen Haushalts. *Zeitschrift für Entwicklungspsychologie und Pädagogische Psychologie, 38*, 18–31.

Seiffge-Krenke, I. & Haid, M.-L. (2012). Identity development in German emerging adults: Not an easy task. In S. J. Schwartz (Ed.), Identity around the world. *New Directions for Child and Adolescent Development, 138*, 35–59.

Seiffge-Krenke, I. & Schneider, N. (2012). *Familie – nein danke?! Familienglück zwischen neuen Freiheiten und alten Pflichten.* Göttingen: Vandenhoeck & Ruprecht.

Seiffge-Krenke, I. & Burk, W. J. (2013). Friends or lovers? Person- and variable-oriented perspectives on dyadic similarity in adolescent romantic relationships. *Journal of Social and Personal Relationships, 30*, 711–733.

Seiffge-Krenke, I. & Burk, W. J. (2015). The dark side of romantic relationships: Aggression in adolescent couples and links to attachment. *Mental Health & Prevention, 3*, 135–142.

Seiffge-Krenke, I. & Escher, F. J. (2015). Die neue Entwicklungsphase des »Emerging Adulthood«: Typische Störungen und Entwicklungsrisiken sowie Ansätze zur Versorgung. In J. Heilmann, A. Eggert-Schmid Noer & U. Pforr, (Hrsg.), *Neue Störungsbilder – Mythos oder Realität* (S. 63–84). Gießen: Psychosozial Verlag.

Seiffge-Krenke, I. & Beyers, W. (2016). Hatte Erikson doch recht? Identität, Bindung und Intimität bei Paaren im jungen Erwachsenenalter. *Psychotherapeut 61*, 16–22.

Seiffge-Krenke, I. & Cinkaya, F. (2017). *Behandlungsabbrüche: Therapeutische Konsequenzen einer Metaanalyse*, Psychodynamik Kompakt. Göttingen: Vandenhoeck & Ruprecht.

Seiffge-Krenke, I., Persike, M., Tantaros, S., Saravia, J. C., Öncü, B., Çavdar, D., Perchec, C., Głogowska, K., & Rohail, I. (2018). Psychopathologie bei jungen Erwachsenen aus sieben Ländern: Einfluss identitätsbezogener Risikofaktoren. *Psychotherapeut, 64,* 143–152.

Seiffge-Krenke, I., Escher, F. J. (2018): Was ist noch »normal«? Mütterliches Erziehungsverhalten als Puffer und Risikofaktor für das Auftreten von psychischen Störungen und Identitätsdiffusion. *Zeitschrift für Psychosomatik, Medizinische Psychologie und Psychotherapie 64,* 128–143.

Seiffge-Krenke, I. & Shulman, S. (2020). Sind sexuelle Aktivitäten in der Adoleszenz für zukünftige Partnerbeziehungen gut? *Zeitschrift für Psychosomatische Medizin und Psychotherapie, 22,* 193–207.

Serra, M. (2014). *Die Liegenden.* Zürich: Diogenes.

Shell-Studie (2015). *17. Jugendstudie.* Frankfurt a. M.: Fischer.

Shepardson, R. L., Walsh, J. L., Carey, K. B., & Carey, M. P. (2016). Benefits of hooking up: Self-reports from first-year college women. *International Journal of Sexual Health, 28,* 216–220.

Shulman, S. & Connolly, J. (2013). The challenge of romantic relationships in emerging adulthood: Reconceptualization of the field. *Emerging Adulthood 1,* 27–39.

Shulman, S., Seiffge-Krenke, I., Scharf, M., Boingiu, S. B. & Tregubenko, V. (2017). The diversity of romantic pathways during emerging adulthood and their developmental antecedents. *International Journal of Behavioral Development, 26,* 1–8.

Shulman, S., Seiffge-Krenke, I., Leus, R. Y. & Livneh, E. (2021). Symptomabnahme und Verbesserungen der Fertigkeiten zur Transition nach psychodynamischer Therapie: Die Rolle der Reflexivität. *Psychodynamische Therapie, 4,* 361–371.

Sidor, A., Knebel, A. & Seiffge-Krenke, I. (2006). Ich-Entwicklung und frühere Partnerschaftserfahrungen als Determinanten des Intimitätsstatus. *Zeitschrift für Soziologie der Erziehung und Sozialisation, 26,* 295–310.

Statistisches Bundesamt (2019). *Mikrozensus verschiedener Jahrgänge.* Fachserie 1. Wiesbaden: Statistisches Bundesamt.

Stern, D. (2012). *Veränderungsprozesse.* Frankfurt a. M.: Brandes & Apsel.

Stieglitz, R., & Freyberger, H. J. (2018). Diagnostik von Persönlichkeitsstörungen in ICD-10/-11 und DSM-5. *Zeitschrift für Psychiatrie, Psychologie und Psychotherapie 66,* 71–83.

Swift J. K., Greenberg, R. P. (2012). Premature discontinuation in adult psychotherapy: A. meta-analysis. *Journal of Consulting and Clinical Psychology, 80,* 547–559.

Syed, M. & Seiffge-Krenke, I. (2013). Personality development from adolescence to emerging adulthood: Linking trajectories of ego development to the family context and identity formation. *Journal of Personality and Social Psychology, 104,* 371–384.

Techniker Krankenkasse (2011). *Gesundheitsreport der Techniker Krankenkasse mit Daten und Fakten zu Arbeitsunfähigkeiten und Arzneiverordnungen.* Schwerpunktthema: Gesundheit von jungen Erwerbspersonen und Studierenden. Techniker Krankenkasse: Hamburg.

Von Irmer, J. & Seiffge-Krenke, I. (2008). Der Einfluss des Familienklimas und der Bindungsrepräsentation auf den Auszug aus dem Elternhaus. *Zeitschrift für Entwicklungspsychologie und Pädagogische Psychologie, 40,* 69–78.

Von Lersner, U. (2020). Psychotherapie im interkulturellen Kontext. *Psychotherapeutenjournal 4,* 366–372.

Von Salisch, M. & Seiffge-Krenke, I. (2008). Entwicklung von Freundschaften und romantischen Beziehungen. In R. K. Silbereisen & M. Hasselhorn, M. (Hrsg.), *Enzyklopädie der Psychologie,* Band 5: Entwicklungspsychologie des Jugendalters (S.421–459). Göttingen: Hogrefe.

Värnik, A., Kõlves, K., Allik, J., Arensman, E., Aromaa, E., van, A. C., Bouleau, J.-H., van der Feltz-Cornelis, C. M., Giupponi, G., Gusmão, R., Kopp, M., Marusic, A., Maxwell, M., Óskarsson, H., Palmer, A., Pull, C., Realo, A., Reisch, T., Schmidtke, A., Sola, V. P., Wittenburg, L. & Hegerl, U. (2009). Gender issues in suicide rates, trends and methods among youths aged 15–24 in 15 European countries. *Journal of Affective Disorders, 113,* 216–226.

Winnicott, D. W. (1965). *The maturational processes and the facilitating environment.* New York: International University Press. (Dt. Übersetzung 1974/2002, Reifungsprozesse und fördernde Umwelt, Gießen: Psychosozial Verlag).

Wölfling, K. & Müller, K. W. (2009). Computerspielsucht. In D. Batthyány & A. Pritz (Hrsg.), *Rausch ohne Drogen: Substanzungebundene Süchte.* Springer, Wien/ New York.

Wölfling, K., Thalemann, R. & Grüsser-Sinopoli, S. (2008). Computerspielsucht: Ein psychopathologischer Symptomkomplex im Jugendalter (S. 291–307). *Psychiatrische Praxis, 35,* 226–232.

Stichwortverzeichnis

A

Abstinenz 119
Abwehrmechanismen 111
ADHS 55, 56
Adoleszenz
– prolongierte 27
Altersphasen, Lebensphasen 13
Arbeit mit Angehörigen 126
Arbeitsstörungen 55
Ausbildungszeit 21
Autonomiebestrebungen 127
Autonomieentwicklung 31
Autonomieschuld 111, 113

B

Bagatellisieren 113
Beendigung von Behandlungen 142
Behandlungskontinuität 66
Behandlungstechnik 100
Berufsstatus 22
Beziehungsentwicklung 33
Bindung 120
Bindungsbeziehung 121
Bindungsstatus 48
Bindungstheorie 24, 109
bisexuelles Schwanken 89
Blos, P. 26, 27

C

Commitment 36

Computerspielabhängigkeit, gaming disorder 60

D

Dazwischensein 18
Diversität 117

E

effectiveness 148
efficacy 148
Elterngespräche 126
Elternverhalten 42
Entidealisierung 46, 113
Entwicklung
– emotionale 27
– sexuelle 27
Entwicklungsaufgaben 23
Entwicklungsdruck 23
Entwicklungsphase 17
Erziehungshaltung 29
Exploration 112
– in die Breite 112
– in die Tiefe 112
– ruminative 111, 112

F

Freundschaft 139
Freundschaft + 39
Fünfphasenmodell der Adoleszenz 26–28

G

Geschlechtsunterschied 40

H

Halten 121
Heidelberger Modell 68
Heirat 20
Helikopter-Therapeut 143
Heterogenität der Lebensläufe 18
Hotel Mama 136

I

Ich-Funktion 27
Identität 27
Identitätsbremse 127
Identitätsdiffusion 105, 107
Identitätskonflikt 105, 107
Identitätskonfusion 35
Identitätskrise 105
Identitätsstatus 36
Identitätssynthese 35
In-sich-Bewahren 121
Instabilität 17
Integrationsfähigkeit 27, 28
Internetnutzung 117

K

Klarifikation 113
Kontrolle, psychologische 48
körperliche Akzeleration 14
kulturelle Einflüsse 117

L

Leidendruck 101
Loslösung 137

M

maligne Regression 90
Medikamentenkonsum 68

N

Neid 115
Nesthocker 23, 47
Nesthockerphänom 135
neue Medien 117
Neutralität 119
Nicht-suizidales selbstverletzendes Verhalten 57

P

Paarbindung 39
Partnerbeziehung 34, 139
Partnerschaft 45
– intime 45
– pseudointime 45
– symbiotische 45
Persönlichkeitsstörungen 55, 59
Prävalenzrate 53
Prokrastination 63
psychiatrische Versorgung 67
psychische Störungen 54
Psychotherapeutengesetz 126

Q

Qualitätssicherung 148

R

Rationalisierung 113
reflexives Funktionieren 149, 150
Rettungsfantasie 120, 122

S

Selbstfokus 110

Selbstfokussierung 18
Selbst-Objekt-Differenzierung 132
selbstverletzendes Verhalten 55
Semiautonomie 117
Separationsangst 48, 127–129
Sexualität 27
sexuelle Aktivitäten 39
Spätauszieher
Stufenmodell der psychosozialen Entwicklung 34
Sucht 58
Suizidalität 28, 55

T

Telefontherapie 104
Therapieabbruch 145
Transformation 137
Transitionsphase 67

U

Übergangsobjekt 117

Überversorgung 122
unsichere Bindung 47

V

Vater
– abwesend 131
– autoritär 131
Vater-Sohn-Beziehung 132
Verleugnung 113
Video 104
Videotherapie 104

W

Wirksamkeitsnachweis 148

Z

Zwischenleiblichkeit 105